Thomas Stinder

Digitale Geologische Karte des Nordteils von Blatt 5728 Oberlauringen (Unterfranken). Erläuterungen der Methodik und zum Datenmanagement mittels GIS

Examicus Verlag

Bibliografische Information der Deutschen Nationalbibliothek:

Bibliografische Information der Deutschen Nationalbibliothek: Die Deutsche Bibliothek verzeichnet diese Publikation in der Deutschen Nationalbibliografie; detaillierte bibliografische Daten sind im Internet über http://dnb.d-nb.de/ abrufbar.

Druck und Bindung: Books on Demand GmbH, Norderstedt Germany
ISBN: 978-3-86746-958-6

http://www.examicus.de/e-book/186597/digitale-geologische-karte-des-nordteils-von-blatt-5728-oberlauringen-unterfranken

Examicus - Verlag für akademische Texte

Der Examicus Verlag mit Sitz in München hat sich auf die Veröffentlichung akademischer Texte spezialisiert.

Die Verlagswebseite www.examicus.de ist für Studenten, Hochschullehrer und andere Akademiker die ideale Plattform, ihre Fachtexte, Studienarbeiten, Abschlussarbeiten oder Dissertationen einem breiten Publikum zu präsentieren.

Digitale Geologische Karte des Nordteils von Blatt 5728 Oberlauringen (Unterfranken)

Erläuterungen zur Methodik und zum Datenmanagement mittels GIS

THOMAS STINDER

Mit 18 Abbildungen, 2 Tabellen im Text sowie

TerraCom Datentechnik
Ingenieurbüro für Angewandte Informatik

Februar 2009

Autor

Dr. Thomas Stinder

Copyright

Kurzfassung

Basierend auf einer Geländeaufnahme des Autors wurde für ein rund 38 qkm großes Gebiet im Norden von Blatt 5728 Oberlauringen eine digitale geologische Karte erstellt. Ziel war, die Kartierergebnisse mittels angewandter Methoden der Geoinformatik in digitaler Form für beliebige Ausgaben und Analysen sowie für eine Weiterverarbeitung durch Dritte verfügbar zu machen. Datengrundlage und Vorgehen bei der Durchführung des Projektes werden beschrieben.

Für das Vorhaben kam das Geoinformationssystem ArcGIS von ESRI zum Einsatz, mit dem die Geländedaten aufbereitet, visualisiert und ausgewertet wurden. Ergebnis sind eine Anzahl geologischer 2D-Geländeansichten, mehrere Layouts zur Druckausgabe von geologischer Karte und Streichlinienplan sowie ein digitales Geländemodell, mit dem das Kartiergebiet dreidimensional dargestellt und geomorphologisch analysiert wird. Die Anzeige der Untersuchungsergebnisse zusammen mit den geographischen Gegebenheiten in einem interaktiven 3D-Modell ist besonders anschaulich. Sie erlaubt dem Anwender, das Kartiergebiet aus den unterschiedlichsten Blickwinkeln zu betrachten und ergänzt so die geologische Karte durch beliebige perspektivische Geländeansichten.

Inhalt

Vorwort

Das vorliegende GIS-Projekt basiert auf Daten einer 1983 an der Ruhr-Universität Bochum fertig gestellten Diplomkartierung (STINDER 1983), mit der die Geologie von Muschelkalk und Keuper im Norden von Blatt 5728 Oberlauringen untersucht und im Maßstab 1:10.000 detailliert aufgenommen wurde. Das am Nordrand der Hassberge, südwestlich von Bad Königshofen im Grabfeld (Unterfranken, Bayern) gelegene, tektonisch komplexe Gebiet umfasst den Auffiederungsbereich der Hassberg-Störung in die Heustreuer Störungszone und ist durch zahlreiche Bruch- und Verbiegungsstrukturen gekennzeichnet. Die stratigraphische und tektonische Situation wird in STINDER (1983 / 2003) eingehend beschrieben und diskutiert.

Da die Veröffentlichung einer geologischen Detailaufnahme von Blatt Oberlauringen durch amtliche Stellen bis heute aussteht, war es das Ziel des Projektes, die Untersuchungsergebnisse in zeitgemäßer, einfach zu nutzender Form interessierten Dritten für wissenschaftliche und kommerzielle Auswertungen zur Verfügung zu stellen. Dazu wurden die bislang nur in konventioneller, papiergebundener Darstellung vorliegenden Kartierergebnisse mittels eines Geoinformationssystems (GIS) digital aufbereitet und in einer Geodatabase sowie in Dateien im weit verbreiteten Shape-Format gespeichert.

Darüber hinaus sind im Rahmen des GIS-Projektes rechnergenerierte 2D- und 3D-Ansichten des Kartiergebietes erzeugt worden, die die Aussagen der ursprünglichen Geländeaufnahme ergänzen. Auch sie sind, ebenso wie die im Erläuterungstext in stark verkleinerter Form einfügten Karten und 3D-Darstellungen, als Grafikdateien auf der Projekt-DVD abgelegt und können mit geeigneter Software in beliebigen Maßstäben angezeigt und ausgegeben werden. Eine vollständige Liste der Dateien findet sich im Anhang B der Erläuterungen. Die Daten stehen dem Käufer der Studie für eigene Auswertungen frei zur Verfügung. Eine Weitergabe oder Publikation ist dagegen nur mit ausdrücklicher schriftlicher Genehmigung des Autors zulässig.

Die nachstehenden Ausführungen beschäftigen sich mit dem EDV-gestützten Datenmanagement der Kartierergebnisse sowie deren rechnerbasierter Visualisierung und Auswertung und beleuchten in diesem Zusammenhang auch die bei der Bearbeitung angewandte Methodik und das im GIS-Projekt verwendete Datenmaterial. Die Durchführung des GIS-Projektes wird anhand der einzelnen Arbeitsschritte genau beschrieben, so dass die Qualität und Vertrauenswürdigkeit der erzeugten Daten beurteilt werden kann. Abgesehen von einigen Ergänzungen zur Geomorphologie aufgrund des erstellten Geländemodells und neuen Ergebnissen zur Tektonik, die sich aus der Verfeinerung des Streichlinienplans im Zuge der GIS-Bearbeitung der Daten ergaben, wird hier auf die geologischen Verhältnisse des Untersuchungsgebietes nicht mehr weiter eingegangen, vgl. dazu STINDER 1983 / 2007.

Mein Dank gilt der Fa. Topware Entertainment GmbH, Ettlingen, für die Erlaubnis zur Nutzung des Satellitenbildes und Frau Dr. Schreiber vom Geological Survey of Namibia für ihre Unterstützung bei der Konvertierung von Shapefiles und der Durchsicht des Manuskriptes.

1. GIS-basiertes Datenmanagement

1.1 Arbeitsumgebung

Zur DV-technischen Bearbeitung der Kartierergebnisse, aber auch zu ihrer Visualisierung und Auswertung (vgl. Kap. 2), stand die Hard-, Soft- und Orgware der Fa. TerraCom Datentechnik zur Verfügung. Als Rechner dienten zwei Fujitsu-Siemens-Tower-PCs mit 1 GHz[1] bzw. 1,5 GHz Pentium-CPU sowie 500 MB-Arbeitsspeicher und 320 GB-Harddisk[2]. Darüber hinaus kam ein mit 2,8 GHz getaktetes Amilo-Notebook des gleichen Herstellers mit 1 GB-RAM und 60 GB-Festplatte zum Einsatz. Entwickelt wurde auf der 1,5 GHz-Maschine, die beiden anderen Systeme wurden lediglich zu Testzwecken genutzt um die Praxistauglichkeit des GIS-Projektes auf Rechnerhardware unterschiedlicher Leistungsfähigkeit zu ermitteln. Dabei erwiesen sich die beiden 1 / 1,5 GHz-Maschinen für die 3D-Visualisierung als zu leistungsschwach, so daß zu diesem Zweck ein Fujitsu-Siemens Scaleo P-PC mit Core 2 Quad-CPU, Nividia Geforce 8600 GS 512 VRAM-Grafikkarte, 2 GB Arbeitsspeicher und 320-GB-Festplatte eingesetzt wurde. Zur Druckausgabe ist ein Hewlett-Packard Laserjet 4 und ein Designjet 500 PS-A0-Großformatdrucker verwendet worden.

Auf den drei im Wechsel betriebenen Rechnern war für das Projekt das Microsoft Windows 2000 Server-Betriebssystem mit Service Pack (SP) 4 installiert. Als Betriebssystem für den Scaleo-PC wurde Vista Home Premium genutzt. Zudem waren die Rechner mit der Anwendungssoftware Microsoft Office 2000 SP 4 und Corel Draw SE 7.0 ausgestattet.

Die für das Projekt eingesetzte GIS-Technologie stammte von Environmental Systems Research Institut Inc. (ESRI). Sie umfasste das Basissoftwarepaket ArcGIS 8.3 mit den Modulen ArcCatalog, ArcMap und ArcToolbox in ihrer aktuellen Version (Service Pack 2) sowie das Erweiterungsmodul 3D-Analyst einschließlich der Visualisierungssoftware ArcScene, alle mit deutscher Benutzeroberfäche. Zudem wurde der Myriad 3D Reader 5.0.0.6 der Informative Graphics Corporation zur 3D-Visualisierung genutzt. Als relationales Datenbankmanagementsystem (RDBMS) kam für die von ArcGIS angelegte (Personal-) Geodatabase Microsoft ACCESS 2000 zur Anwendung.

1.2 ArcGIS-Projekt und Geodatabase

Zu Beginn der GIS-Arbeiten wurde mit ArcCatalog die Verzeichnisstruktur 'DigGK10-5728Oberlaurigen (Nord)' generiert. Als Container für die Projektdaten enthält sie alle im Zuge der Bearbeitung erzeugten geographischen und geologischen Themen (Shapefiles[3] mit Punkt-, Polylinien- und Polygongeometrie [15-26, 62-94][4]) sowie die Rasterdaten der Topographischen Karte (TK25) [12], des Satellitenbildes [105] und der Geologischen Karte (GK10) [36]. Weitere Unterverzeichnisse ordnen die Daten nach Inhalt und Format (Raster- und Vektordaten) (vgl. Anhang B). Diese Struktur ist auch auf der Projekt-DVD abgebildet.

Im nächsten Schritt wurde ein ArcMap-Dokument [2] erzeugt und die Themen für die kartographische Bearbeitung hinzugefügt (vgl. Kap. 1.3). Zur besseren Übersicht und zur einfacheren Handhabung sind diese dabei in eine zuvor angelegte Struktur, bestehend aus den Gruppenlayern 'Geographie-Raster' und

[1] Die hier verwendeten Abkürzungen wie GHz, GB, RAM,VRAM etc. sind im Bereich der (Geo-) Informatik üblich und haben sich größtenteils auch schon im allgemeinen Sprachgebrauch etabliert. Auf eine Erläuterung im Text wurde deshalb verzichtet.

[2] Englischsprachige Ausdrücke wie Harddisk, Notebook u.a. gehören mittlerweile zu den gängige Begriffe in der Literatur und werden so übernommen. Existieren deutschsprachige Synonyme, so werden diese ggf. parallel verwendet.

[3] Termini wie Shapefile, Geodatabase, Gruppenlayer, Layer oder Feature sind feststehende Ausdrücke im Zusammenhang mit Geoinformationssystemen der Fa. ESRI und werden hier, wie auch im Schrifttum üblich, im Kontext mit der Software gebraucht. Glossare zu diesen Begriffen finden sich u.a. bei BOOTH (2000), BOOTH, SHANER, CROSIER, SANCHEZ & MacDONALD (2002), SHANER & WRIGHTSEL (2000) sowie bei VIENNEAU (2001).

[4] Die in eckigen Klammern angegebenen Zahlen bezeichnen die Dateinummern in Anhang B.

'-Vektor' sowie 'Geologie-Raster' und '-Vektor', eingeordnet worden. Eine Übersicht gibt auch hier Anhang B. Die Vektor-Themen enthielten zu dieser Zeit noch keine Objekte.

Nachdem die Arbeiten zur geologischen Karte und zum Geländemodell abgeschlossen waren, konnten verschiedene Auswertungen in das Projekt integriert werden. Die dabei entstandenen Vektordaten [95-99, 110] finden sich in den ArcMap-Dokumenten [1, 2, 3] in den Gruppenlayern 'Schichtlagerungskarte-Vektor' und 'Geomorphologie-TIN' (vgl. Kap. 2).

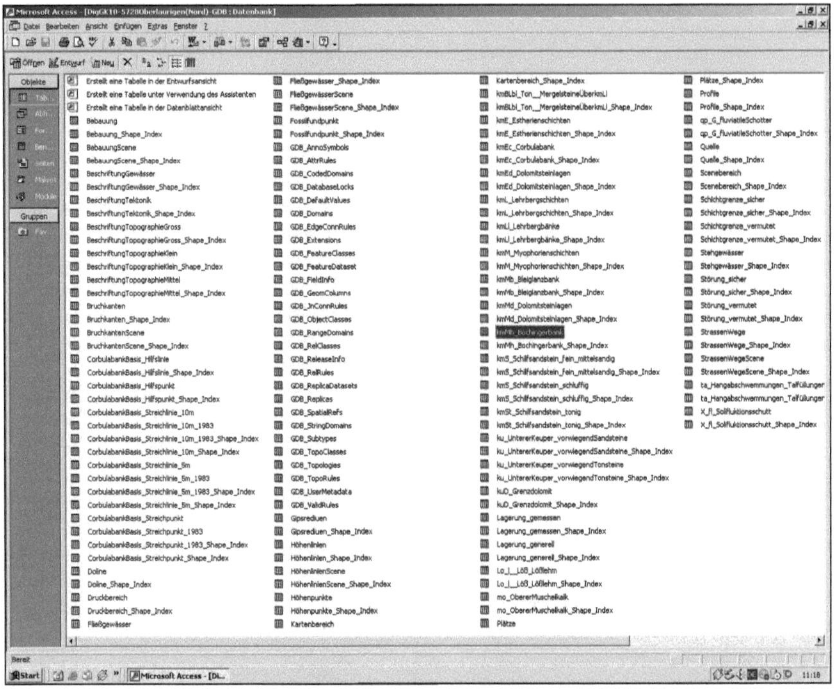

Abb. 1: Tabellenstruktur der Projekt-Geodatabase in Microsoft ACCESS 2000

Zur Datenverwaltung in GIS-Projekten favorisiert ESRI seit längerer Zeit Datenbanksysteme (DBS). Die Vorteile der integrierten Datenhaltung gegenüber einer durch isolierte Shape- und Rasterfiles aufgebauten Flat-File-Architektur sind unbestreitbar: Redundanzvermeidung und dadurch Reduzierung von Konsistenzproblemen, Einhaltung der Datenintegrität durch die zentrale Kontrollinstanz des Datenbankmanagementsystems (DBMS) sowie ein geringerer Aufwand bei der Datenpflege, um nur die wichtigsten zu nennen. ESRI hat deshalb neben dem schon seit langem vertriebenem Gateway 'Spatial Data Engine' (SDE bzw. ArcSDE) zur Nutzung von relationalen, mehrbenutzerfähigen Datenbankmanagementsystemen (RDBMS), wie Oracle oder Microsoft SQL Server, nun auch eine Variante für die Verwaltung raumbezogener Daten im Single-User Betrieb eingeführt: Die Personal-Geodatabase. Sie basiert ebenfalls auf dem Relationalen Datenmodell, benutzt aber die Microsoft Jet-Engine um ACCESS-Datenbanken zu erzeugen, in denen die Sach- und Geometrie-Daten eines GIS-Projektes zusammen mit ihren (topologischen) Beziehungen verwaltet werden.

Um den Anwendern für das GIS-Datenmanagement eine Wahlmöglichkeit zwischen klassischen Shapefiles und einer Geodatabase zu geben, wurde nach Abschluß der Editierarbeiten die Anwendung auf die datenbankgestützte Datenhaltung umgestellt. Dazu ist mit ArcCatalog eine Personal-Geodatabase [117] angelegt und diese durch Import der geographischen und geologischen Themen mit der Shapfile-zu-Geodatabase-Routine der ArcToolbox gefüllt worden (vgl. Abb. 1). Die Shapefiles blieben dabei unverändert in ihren Ordnern erhalten. Anschließend wurden die Angaben zur Datenquelle der Themen in den ArcMap- und ArcScene-Dokumenten entsprechend geändert. Die Rasterdaten des Projektes konnten mit der vorliegenden Version von ArcGIS nicht in die Personal-Geodatabase importiert werden und sind deshalb weiterhin nur als Files eingebunden. Mit den Shapefiles und der Geodatabase stehen die vektorisierten Fachdaten des Projektes nun redundant zur Verfügung. Obwohl theoretisch möglich, sollten im Hinblick auf einen konsistenten Datenbestand beide Formen der Datenhaltung nicht miteinander vermischt werden.

Um die Vorteile der datenbankgestützten Datenverwaltung nutzen zu können, sind die Fachdaten in einem Datenmodell, das auch den topologischen Bezug der Geo-Objekte berücksichtigt, zu strukturieren. Ansonsten bilden die durch den Import der Shapefiles in der Geodatabase erzeugten Tabellen lediglich die Flat-File-Struktur der filebasierten Datenhaltung nach. Die Entwicklung eines Datenmodells ist daher dringend notwendig, sie hätte jedoch den Rahmen dieses Projektes gesprengt. Bei einer Weiterentwicklung wären Entwurf und Implementierung des Datenmodells aber eine zentrale Aufgabe. Datenmodelle für geologische Anwendungen sind zur Zeit Gegenstand der Forschung. Aktuelle Vorschläge dazu finden sich z.B. bei RAINES et al. (2007).

1.3 Datengrundlage

1.3.1 Geographische Datenbasis

1.3.1.1 Topographische Karte

Als geographische Datengrundlage wurde die Topographische Karte von Bayern 1:25.000 (TK25) Blatt 5728 Oberlauringen verwendet, die als digitales Produkt vom Bayerischen Landesvermessungsamt (BLVA) zur Zeit der Datenbeschaffung nur in Form von Rasterdaten angeboten wurde. Das den Interessenbereich abdeckende Rasterbild nördlich des Hochwertes 5569000 wurde vom BLVA in einer unkomprimierten TIF-Datei [12] zusammen mit den Daten der Randbereiche (max. 270 m Breite) der unmittelbar angrenzenden Blätter (5627 Bad Neustadt a.d. Saale, 5628 Bad Königshofen i. Grabfeld, 5629 Römhild, 5727 Münnerstadt und 5729 Alsleben) geliefert. Die Daten basieren auf der letztmalig durchgeführten Aufnahme bzw. Fortschreibung des Blattes Oberlauringen im Jahre 1998 und repräsentieren damit den aktuellen Bearbeitungsstand. Für die benachbarten Blätter werden vom BLVA die Versionsstände 1994-2000 angegeben (vgl. Anhang C). Die Rasterdaten sind über ein World-File [13] georeferenziert und enthalten als Folienzusammenkopien die Ebenen 'Grundriss', 'Höhenlinien', 'Gewässerdecker' und 'Gewässerkontur'. Letztere zeigt einen leichten Versatz gegenüber den anderen Folien, wodurch die Genauigkeit der durch Digitalisierung generierten Vektordaten (vgl. Kap. 1.3.1.3) des Layers 'Fließgewässer' beeinträchtigt ist.

Die vorliegenden Rasterbilder wurden durch Großformatscans papiergebundener TK25 erzeugt. Mit einer Auflösung von 320 L/cm liegen sie in der höchsten verfügbaren Genauigkeit vor. An ihren Rändern sind die Rasterkarten streckenweise nicht deckungsgleich. Sprünge von Höhenlinien, Straßen und Signaturen sind hier deutlich sichtbar. Für die Darstellung der Kartierobjekte sind diese Ungenauigkeiten jedoch ohne Bedeutung, sie überschreiten die Blattgrenzen nicht. Lediglich das Geländemodell ist in den betroffenen Grenzregionen kritisch zu betrachten. In den ArcMap-Dokumenten [1, 2, 3] war die Rasterkarte zunächst im Gruppenlayer 'Geographie-Raster' unter dem Layernamen 'TK25-5728 Oberlauringen-N_a6913col.tif' [12] eingebunden, aus urheberrechtlichen Gründen wurde sie aber später wieder aus dem Projekt entfernt.

Zur themendifferenzierten Visualisierung der geographischen Objekte, aber auch als Datenbasis für die Erstellung des digitalen Geländemodells, wurde der TK25-Kartenausschnitt in ArcMap vektorisiert und in einzelne Layer überführt [15-26] (vgl. Kap. 1.3.1.3).

Als topographische Grundlage für die geologische Geländeaufnahme ist eine auf den Maßstab 1:10.000 hochvergrößerte Kopie des Nordteils der TK25 Blatt 5728 Oberlauringen mit dem Fortführungsstand 'Berichtigt 1975', 'Einzelne Nachträge 1978' verwendet worden. Trotz der zu erwartenden Ungenauigkeiten durch das Verfahren des Hochkopierens auf Mutterpausen und der Herstellung nicht verzugsfreier Abzüge sowie den unterschiedlichen Ausgaben der TK25, konnte die gescannte Karte der Diplomkartierung mit hoher Deckungsgenauigkeit auf die vom BLVA bereitgestellte Rasterkarte eingepasst werden.

Das Digitalisieren der Karte der Abschlussarbeit erfolgte bei der Deutschen Steinkohle (DSK). Mittels Großformatscan wurde hier von der Vorlage ein RGB-Rasterbild von 24-Bit Farbtiefe und einer horizontalen und vertikalen Auflösung von 400 dpi angefertigt [36]. Es ist als Layer 'DkOberlauringen-GK10.jpg' in den ArcMap-Dokumenten [1, 2, 3] eingebunden. Zur schnelleren Anzeige wurde ein 'Reduced Resolution Dataset' (RRD), d.h. eine Pyramiden-Datei [37], einschließlich zugehöriger Auxillary-Datei [38] erzeugt.

Die Georeferenzierung des Rasterbildes der Diplomkartierung geschah in Anlehnung an die von MINAMI (2000) beschriebenen Vorgehensweise: Durch den eingehenden Vergleich beider Rasterbilder wurden zunächst 265 Links (Verknüpfungen von Kontrollpunkten) generiert und diese für eine spätere Wiederverwendung in einer Datei [39] permanent gespeichert. Mit diesen Links als Eingabedaten konnte sodann eine affine Transformation (Polynom 1. Ordnung) gerechnet werden. Anhand des Transformationsergebnisses wurde für die gescannte jpeg-Datei schließlich ein World-File [40] erzeugt und die zugehörige Statistikdatei [38] aktualisiert. Versuche mit den beiden anderen von ArcMap angebotenen, nicht-affinen Transformationsmethoden (Polynom 2. & 3. Ordnung) zeigten, dass unter Berücksichtigung der Passgenauigkeit und des 'root mean square error' (RMS), ein noch besseres Ergebnis mit einer Transformation der 3. Ordnung erzielt werden konnte. Diese wurde dann letztendlich auch angewandt. Von einer Rektifizierung, d.h. der Erstellung eines neuen, permanent in den Kartenkoordinaten georeferenzierten Rasters, z.B. zur Verwendung in anderen Anwendungen außerhalb von ArcGIS, wurde abgesehen. Es kann bei Bedarf jederzeit erzeugt werden.

Als geeignete Methode für die Grauwertzuweisung (Resampling) bei der Transformation kontinuierlicher Daten schlägt MINAMI (2000) die bilineare Interpolation oder kubische Faltung vor. Wie BOLLMANN & KOCH (2001) ausführen, erhöht sich dadurch zwar der zu leistende Rechenaufwand gegenüber der Nearest-Neighbour-Methode um den Faktor 10 bzw. 20, kantige und blockige Strukturen lassen sich damit bei der Anzeige aber weitgehend vermeiden. Von beiden Methoden wurde wegen des geringeren Rechenaufwandes die bilineare Interpolation für das Resampling der gescannten Karte gewählt.

Abb. 2: Nordteil der TK25 Blatt 5728 Oberlauringen – Rasterkarte des BLVA Stand 1998

1.3.1.2 Satellitenbild

Im Zuge der topographischen Rasterdatenbeschaffung ist beim BLVA auch wegen Luft- und Satellitenbildern des Kartiergebietes angefragt worden. Digitale Luftbilder aus der Zeit der Geländeaufnahme existieren nicht. Lediglich aus jüngerer Zeit, und hier auch nur von Befliegungskampagnen im Sommer, hätten Daten zu wenig attraktiven Konditionen erworben werden können.

Es wurde deshalb für dieses Projekt auf den von der Firma Scout Systems produzierten und von der Fa. TopWare Entertainment vertriebenen 'Satellitenatlas für Deutschland' von 1997 zurückgegriffen, der flächendeckend digitale Rasterbilddaten von ganz Deutschland in einer Auflösung von 2 m / Pixel bereitstellt. Bei dem Bildmaterial handelt es sich um Mosaiken russischer COSMOS-Satelliten. Sie sind aus Einzelaufnahmen zusammengesetzt, die nach Herstellerangaben über einen Zeitraum von 5 Jahren, zwischen 1991/92 - 1996/97, gewonnen wurden.

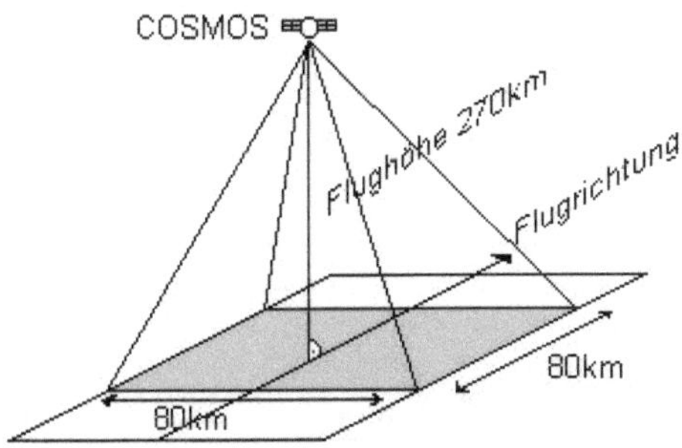

Abb. 3: Kenngrößen von COSMOS-Fernerkundungssatelliten aus: Scout Systems (1997)

Satelliten der COSMOS-Baureihe umkreisen die Erde in ca. 270 km Flughöhe auf polaren, sonnensynchronen Bahnen, die sicherstellen, dass ein Gebiet bei Tageslicht stets zur gleichen Zeit überflogen wird (vgl. Abb. 4). Die Umlaufzeit beträgt dabei 98 Minuten.

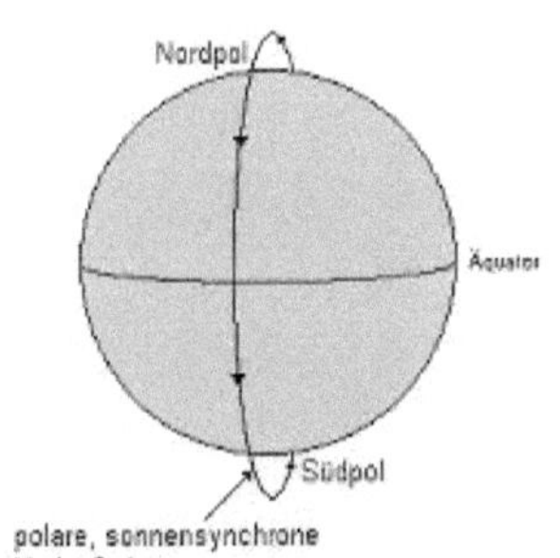

Abb. 4: Polarer, sonnensynchroner Orbit aus: Scout Systems (1997)

Der COSMOS-Satellitentyp ist mit zwei analogen Bildsensorsystemen ausgerüstet, wovon eines, das KVR-1000, ein 1000 mm-Teleobjektiv verwendet. Von diesem stammen die im Projekt benutzten Aufnahmen. Durch die große Flughöhe und die eingesetzte Teleoptik handelt es sich bei den Bildern um flächentreue Parallelprojektionen, die im Gegensatz zu Zentralprojektionen keine aufwendige photogrammetrische Nachbearbeitung erfordern (vgl. Abb. 5).

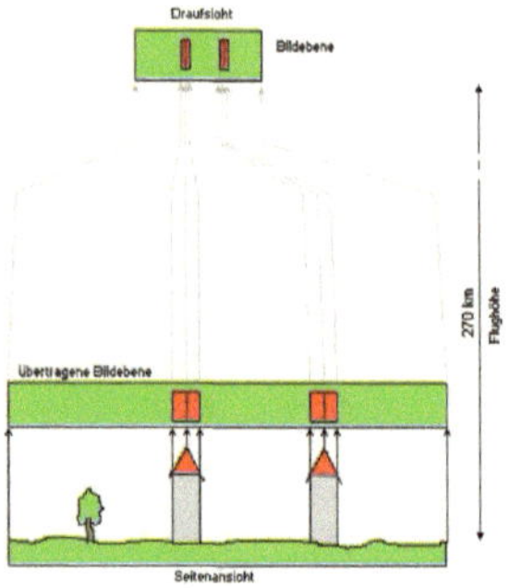

Abb. 5: Parallelprojektion aus: Scout Systems (1997)

Um den hohen Detaillierungsgrad zu erreichen, wurden Schwarz-Weiß-Filme eingesetzt. Nach den in der Online-Hilfe des Satellitenatlas bereitgestellten technischen Informationen beträgt die Originalgröße eines Satellitenbildes 30 x 30 cm, was einem Bildmaßstab von 1:250.000 bis 1:280.000 oder einem Blickfeld von 80 x 80 km entspricht (vgl. Abb. 3).

Die Aufbereitung der analogen Aufnahmen zu Rasterdaten ist in Rußland von der Firma Sovinformsputnik Interbranch Association durchgeführt worden. Sie beinhaltete die Schritte Filmentwicklung, Produktion von Abzügen verschiedener Vergrößerung, Erstellen und Scannen eingenordeter Bildstreifen und schließlich das Speichern der Rasterdaten auf einen Datenträger. Der Gesamtumfang der bundesweiten Rasterdaten beträgt unkomprimiert rund 150 GByte, das Satellitenbild des Nordteils von Blatt Oberlauringen umfasst als komprimierte jpeg-Datei rund 1,6 MB [105]. Dieses wurde mittels Hardcopy dem Satellitenatlas entnommen. Eine Vereinbarung mit der Fa. TopWare Entertainment GmbH zur Nutzung der Satellitenbilddaten im Rahmen dieser Studie liegt vor.

Das Einbinden des Satellitenbildes in das ArcGIS-Projekt verlief analog zu der gescannten topographisch-geologischen Karte: Nach dem Erzeugen von Pyramiden [106] wurden zur Georeferenzierung 484 Links [108] erstellt und mit diesen dann die Transformation (Polynom 3. Ordnung) durchgeführt [109]. Als Methode für die Grauwertzuweisung ist auch hier die bilineare Interpolation angewendet worden. In den ArcMap-Dokumenten ist das Satellitenbild [105] im Datenrahmen 'DigGK25-5728 Oberlauringen (Nord)', Gruppenlayer 'Geographie-Raster' zu finden.

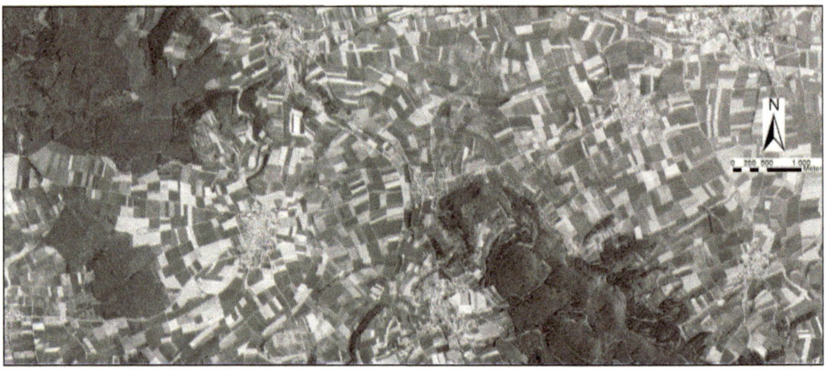

Abb. 6: Satellitenbild des Nordteils von Blatt 5728 Oberlauringen aus: Scout Systems (1997), erg.

1.3.1.3 Digitales Geländemodell

Die Datenbasis für das digitale Geländemodell (DGM) ist durch die themendifferenzierte Digitalisierung der vom BLVA gelieferten Rasterkarte(n) [12] gewonnen worden. Eine zu diesem Zweck zunächst mittels Software durchgeführte Vektorisierung brachte nicht den gewünschten Erfolg – der erforderliche Nachbearbeitungsaufwand wäre zu groß gewesen –, so dass die für das DGM relevanten Kartenobjekte nach Thema Freihand am Bildschirm digitalisiert wurden. Um eine möglichst hohe Genauigkeit zu gewährleisten, lag, je nach Strichstärke der Kartenobjekte, der gewählte Arbeitsmaßstab zwischen 1:500 und 1:1.000, bei besonders problematischen Stellen auch darunter. Die Aufnahme erfolgte bei Punkt-Objekten (z.B. Höhenpunkte) mittelpunkt-, bei Linien- und Polygon-Objekten (z.B. Fließ- / Steh-gewässer) mittellinienorientiert. Eine Attributierung zur Erfassung von Höhenangaben (Feld 'Hoehe') wurde bei den Themen 'Höhenpunkte' und 'Höhenlinien' vorgenommen.

Die Qualität des Rasterbildes ist hoch, so dass die Kartenobjekte in der Regel gut zu identifizieren und abzugrenzen waren. Von einer Interpretation der Rasterdaten ist bei der Vektorisierung weitgehend abgesehen worden. Lediglich an Stellen, wo offensichtlich technisch bedingt Beschriftungen und Signaturen lokal begrenzt Objekte verdecken, wurden diese als zusammenhängend betrachtet und z.B. Fließgewässer durchgezeichnet. Vereinzelt war allerdings bei Isohypsen, wo Höhenangaben fehlten, und hier vor allem an den Blatträndern, die Wertzuweisung problematisch. In diesen Fällen wurde versucht, die richtige Zuordnung aus dem Kontext zu ermitteln. Hinsichtlich der Höhenwerte fragliche Isohypsen sind bei der Digitalisierung mit dem Wert 'ja' in der speziell angelegten Spalte 'Unsicher' markiert worden.

Die digitalisierten Themen der TK25 sind im Gruppenlayer 'Geographie-Vektor' der ArcMap-Dokumente zusammenstellt. Im einzelnen handelt es sich um die Layer 'Höhenlinien', 'Höhenpunkte', 'Bruchkanten', 'Stehgewässer', 'Fließgewässer', 'StrassenWege', 'Plätze' sowie 'Bebauung' [15-22]. Zudem gibt es vier Punkt-Themen zur Beschriftung geographischer Objekte [23-26]. Diese enthalten alle das Attribut 'Name' für die Aufnahme von Werten wie Stadt-, Tal- oder Flußbezeichnungen und das Feld 'Grad' um die Beschriftungen entsprechend der Vorgaben in der TK25 im Kartenbild zu orientieren. Darüber hinaus sind spezielle Layer für Verschneidungsoperationen [27] und zu Anzeigezwecken [28-35] angelegt worden.

LayerName	Feature-Typ	Quelle für Höhenmaß	Triangulieren als	Tag-Wertefeld
Höhenpunkte	3D-Points	Hoehe	Massenpunkte	keine
Höhenlinien	3D-Linien	Hoehe	Massenpunkte	keine
Bruchkanten	3D-Linien	keine	Harte Bruchkante	keine
Fließgewässer	3D-Linien	keine	Harte Bruchkante	keine
Stehgewässer	3D-Polygon	keine	hartes Ersetzen	keine
StraßenWege	3D-Linien	keine	Harte Bruchkante	keine
Plätze	3D-Linien	keine	hartes Ersetzen	keine
Bebauung	3D-Polygon	keine	hartes Ersetzen	keine

Tab. 1: Vektorisierte geographische Themen als Eingabedaten für das TIN

Mit den Features der o.g. Themen als Eingabe wurde mit der ArcGIS-Erweiterung 3D-Analyst eine kontinuierliche Geländeoberfläche als Triangulated Irregular Network (TIN) gerechnet. Als Höhenmaß für die Berechnung sind die bei der Digitalisierung der TK25 ermittelten und im Attribut 'Hoehe' der Layer 'Höhenlinien' und 'Höhenpunkte' gespeicherten Werte verwendet worden. Sie gingen bei der Triangulation als Massenpunkte ein, die anderen Themen wurden entsprechend den in Tabelle 1 zusammenstellten Angaben modelliert. Die vom DGM [110] abgeleiteten Analysen der Oberfläche sind im Gruppenlayer 'Geomorphologie-TIN' enthalten (vgl. Kap. 2).

1.3.2 Kartierergebnisse

Die nach dem Einscannen der handgezeichneten geologischen Karte als Rasterdaten vorliegenden geologischen Informationen mussten für die weitere Bearbeitung durch Digitalisierung in das Vektorformat überführt werden. Dies geschah, ebenso wie bei der Topographischen Karte, Freihand am Bildschirm vom Pixelbild der georeferenzierten jpeg-Grafik (vgl. Kap. 1.3.1.3). Bei der Erfassung der Objekte bzw. Features ist im Hinblick auf eine möglichst hohe Detailtreue mit einem großen Maßstab, in Abhängigkeit von der Komplexität der Kartierobjekte zwischen 1:500 und 1:1.000, gearbeitet worden. Zu Kontrollzwecken und bei notwendigen Nachbearbeitungen wurde ggf. auch weiter vergrößert. Punktobjekte sind, wie bei der Geographie, mittelpunkt-, Kartenobjekte mit Linien- und Polygongeometrie mittellinienorientiert vektorisiert worden.

Die auskartierten lithofaziellen Einheiten sind in 21 Polygon-Themen (Shape-Geometrie 'Polygon ZM') verzeichnet, deren Namen und Abkürzungen sich an den in der Generallegende der GK 25/50 von Bayern verwendeten Bezeichnungen orientieren (z.B. 'kuD_Grenzdolomit') [74-94]. Darüber hinaus wurden die Ausbisse von Anisotropieflächen als Linien-Themen mit der Shape-Geometrie 'Polyline ZM' in jeweils eigenen Layern erfasst (z.B. 'Schichtgrenze_sicher') [62-65]. Für das Auftreten von Quellen, Gipsresiduen, Dolinen sowie für Fossilfundpunkte [70-73] sind Punkt-Themen (Shape-Geometrie 'Punkt ZM') angelegt worden. Weitere Punkt-Themen dienen der Beschriftung tektonischer Strukturen [68] und zur Anzeige von Schichtlagerungswerten [66-67]. Als Symbole sind weitgehend die zur Zeit der Geländeaufnahme an der RUB verwendeten Signaturen beibehalten worden.

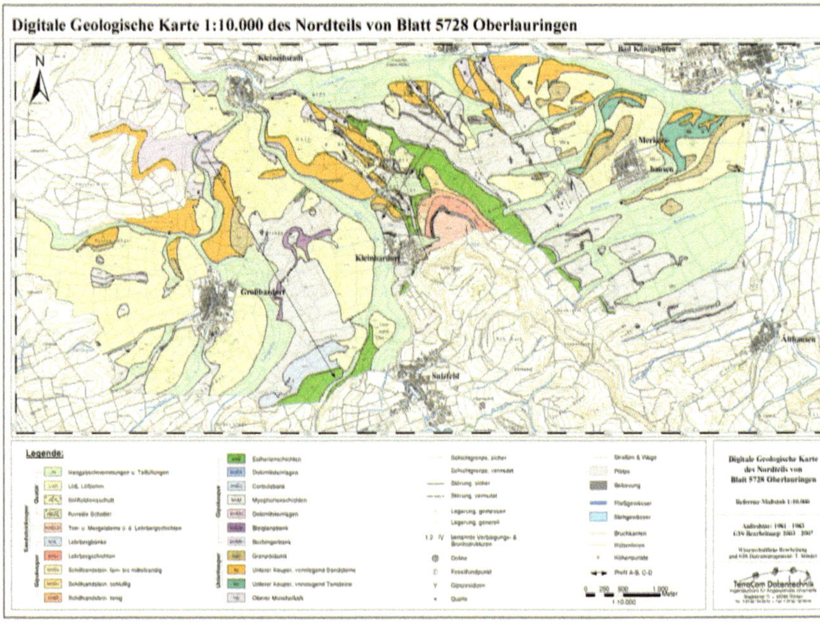

Abb. 7: Geologische Karte des Nordteils von Blatt Oberlauringen (Kartenlayout)
Farbgebung nach dem an der RUB verwendeten Stil [11]

Für die Farbgestaltung der Polygon-Themen wurden zwei 'Style'-Varianten entworfen. Die erste [10] folgt der Generallegende der GK 25/50 von Bayern, die zweite, kontrastreichere, die einzelnen Horizonte stärker akzentuierende, übernimmt die bei den Kartierungen an der RUB verwendete Farbgebung [11]. Eine Spezifikation der im GIS-Projekt benutzten Legenden findet sich in Anhang D. Um eine Anzeige in Kombination mit anderen Layern, z.B. mit dem Satellitenbild, zu ermöglichen, ist für alle Polygon-Themen eine 30 %-tige Transparenz eingestellt worden. Für beide Legendenvarianten existieren ArcMap-Dokumente [1, 2] und Vorlagedateien (Templates) [4, 5].

Die Relationen (Tabellen) der Polygon-Themen wurden um die Textspalte 'Legende' erweitert, in der für jedes Feature die nach der Bayerischen Generallegende übliche Kurzbezeichnung eingetragen ist. Mit diesen Werten sind die Schichteinheiten in der Karte beschriftet. Auch für das Punkt-Thema 'Quelle' wurde ein Legenden-Feld eingefügt. Bei den Layern 'Lagerung_gemessen' und 'Lagerung_generell' sind die Felder 'Streichen' und 'Fallen' als Attribute in die Tabellen aufgenommen und mit den entsprechenden Messwerten gefüllt worden. Während der Fallwert als Beschriftung am Schichtlagerungssymbol in der Karte annotiert ist, wird der Streichwert zu Berechnung der Rotation, d.h. zur Orientierung des Symbols im Kartenblatt, benutzt. Ähnlich ist beim Thema 'BeschriftungTektonik' verfahren worden: Hier wird das Attribut 'Name' zur Beschriftung und das Feld 'Grad' zur Ausrichtung verwendet.

2. Automatisierte Datenvisualisierung und -auswertung

2.1 Kartenlayout und 2D-Sichten

Zur einfacheren Orientierung sowie zum schnellen und gezielten Wechsel des Kartenausschnittes sind mit Hilfe der Lesezeichen-Funktion von ArcMap achtundzwanzig 2D-Ansichten des Kartiergebietes erstellt worden. Diese können vom Anwender aus dem Untermenü 'Lesezeichen' ausgewählt werden (Menü 'Ansicht', Befehl 'Lesezeichen'). Die Einträge im Submenü sind nach Ausschnittsgröße geordnet: Zuerst die Befehle zum Aufruf von Übersichtskarten, dann jene zur Anzeige von Detailansichten, wie z.B. des Bichenberges oder der NES 2 (vgl. Abb. 8).

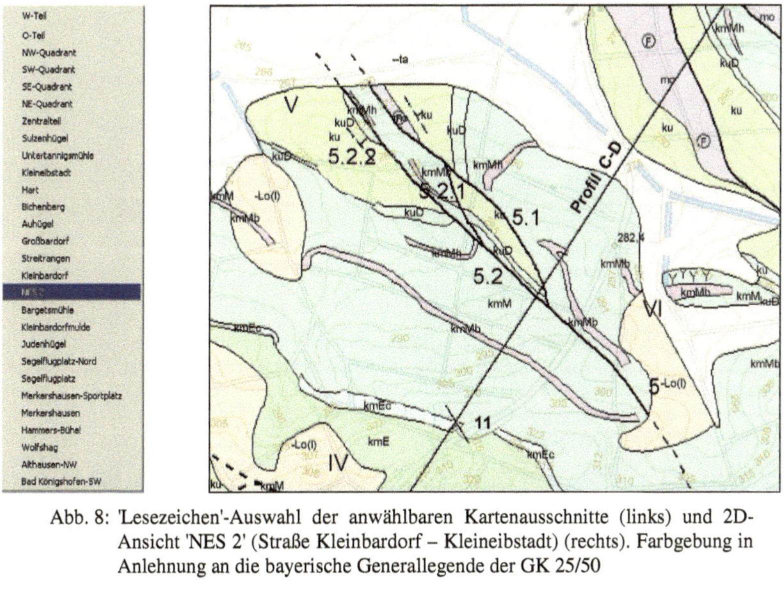

Abb. 8: 'Lesezeichen'-Auswahl der anwählbaren Kartenausschnitte (links) und 2D-Ansicht 'NES 2' (Straße Kleinbardorf – Kleineibstadt) (rechts). Farbgebung in Anlehnung an die bayerische Generallegende der GK 25/50

Für die Druckausgabe im Maßstab 1:10.000 wurde ein für das DIN-A0-Querformat optimiertes Kartenlayout entworfen. Es wird sowohl für die geologische Karte mit Legende im RUB- und BGLA-Stil als auch für den Streichlinienplan verwendet. Bei den geologischen Kartenvorlagen wurde die Legende der lithofaziellen Einheiten durch eine stratigraphische Einordnung in Anlehnung an die Bayerische Generallegende 25/50 ergänzt (vgl. Abb. 7).

2.2 Geomorphologische Analysen

Zur Analyse einer berechneten Geländeoberfläche stellt der 3D-Analyst verschiedene Werkzeuge bereit, von denen unter geologischen Aspekten drei von besonderem Interesse sind: Höhenstufen, Hangneigungsrichtungen und Hangneigungen. Mit ihnen wurde die Morphologie des Kartiergebietes untersucht. Zusätzliche Raster-Themen sind dabei aber nicht angelegt worden, statt dessen wurde das jeweilige Ergebnis durch unterschiedliches Rendering des TIN-basierten Höhenmodells mit den dafür im Legenden-Editor angebotenen Visualisierungstechniken erzeugt. Die so erstellten drei Reliefanalysen 'DGM-Tin-Höhenstufen', '-Hangneigungsrichtungen' und '-Hangneigungen' sind im Gruppenlayer 'Geomorphologie-TIN' der ArcMap-Dokumente eingeordnet. Sie sollen im folgenden anhand der Abbildungen 9-11, in denen zur leichteren Orientierung Orte, Straßen und Flüsse mit einbezogen sind, kurz behandelt werden.

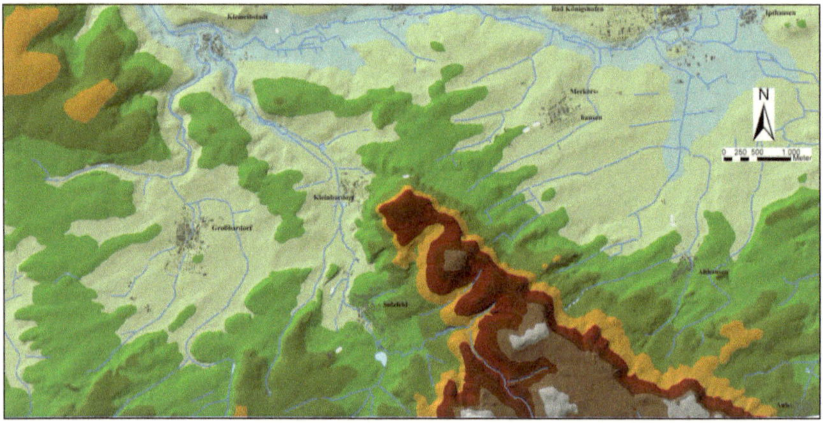

Abb. 9: DGM des Aufnahmegebietes mit einer Klassifikation der Geländehöhen
Legende: blau-grün 250-350 m, orange-braun 350-450 m, grau-weiß 450-500 m

Abbildung 9 zeigt die Verteilung von Höhenstufen in Nordteil von Blatt Oberlauringen durch abgestuften Farbverlauf, die auf einer manuellen Einteilung der Geländehöhen in zehn Klassen zu je 25 m basiert. Sie wurde mit dem Renderer 'Höhen' erzeugt. Harte und weiche Bruchkanten sind hier nicht angezeigt, können jedoch jederzeit eingeblendet werden. Die Höhenverteilung spiegelt deutlich die Verwitterungsresistenz der ausstreichenden Schichten wieder: Zum einen die beständigeren Sand-, Kalk- und Mergelsteine von Sandsteinkeuper und Oberem Muschelkalk, die den markanten Hassbergrücken bzw. die Erhebungen im NW ausbilden, und zum anderen die weicheren, stärker ausgeräumten Ton- und Mergelsteine des Unter- und Gipskeupers, welche für die Niederungen im Untersuchungsgebiet verantwortlich sind.

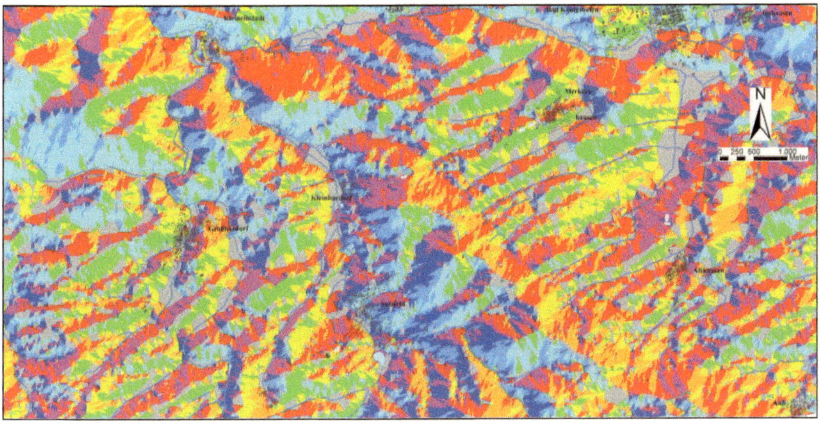

Abb. 10: DGM des Kartiergebietes klassifiziert nach Hangneigungsrichtungen
Legende: Eben grau, N rot, NE orange, E gelb, SE grün, S hellblau, SW türkis, W blau, NW violett

Mit der Analysemethode 'Ausrichtung' (Renderer 'Aspect') lassen sich die Hangneigungsrichtungen des Reliefs bestimmen, beispielsweise für Betrachtungen des Oberflächenabflusses. Die hier abgebildete Klassifikation (Abb. 10) zeigt eine Einteilung in neun farblich deutlich voneinander zu unterscheidende Hangsegmente, die den Himmelsrichtungen N, NW, W, etc. und dem Wert 'eben' zugeordnet sind. Gut ist in Abbildung 10 der rasche Wechsel von N- bzw. NW- und SE-geneigten Hängen östlich der Hassberge erkennbar, der hier unmittelbar mit dem SW-NE-gerichteten Entwässerungssystem korreliert.

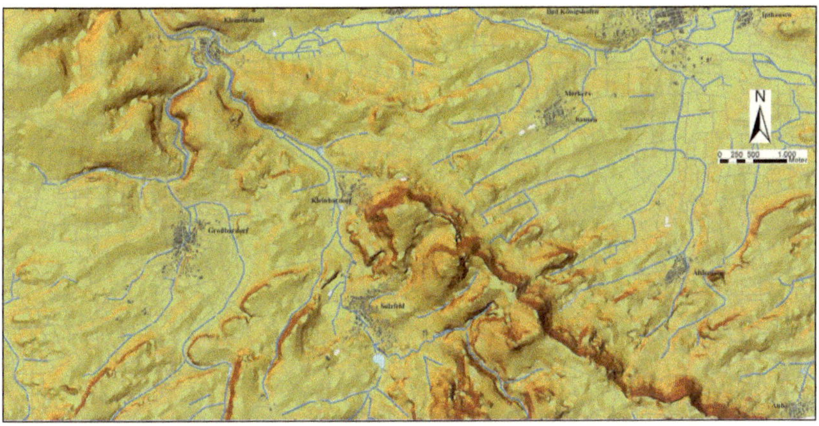

Abb. 11: DGM des Aufnahmegebietes klassifiziert nach Hangneigungen
Legende: helle Brauntöne 0-1 Grad, dunkle Töne 60-90 Grad

Die mit dem Werkzeug 'Neigung' (Renderer 'Slope') erzeugte Karte in Abbildung 11 stellt die Geländeoberfläche unter dem Gesichtspunkt der Hangneigung dar. Sie erlaubt eine einfache Verfolgung von Schichtstufen (steile Stufenstirn) oder eine Beurteilung, wie wahrscheinlich ein gravitativer Massentransport in bestimmten Bereichen durch hangabwärts bewegte Tone oder abgerutschte Schollen ist. Die farblich abgestufte Anzeige umfasst 10 nicht gleichwertige Klassen. Die ungleiche Unterteilung trägt dabei dem Umstand Rechnung, dass über 90 % der Geländeoberfläche eine Hangneigung kleiner 15 Grad aufweist. Markant treten in der Hangneigungskarte die Schichtstufen des Sandsteinkeupers, der Corbulabank und z.T. auch der Bleiglanzbank durch die dunkle Braunfärbung hervor (vgl. auch Abb. 14).

2.3. Interaktives 3D-Modell

Obwohl die Visualisierung geologischer Kartierergebnisse in einem 3D-Modell keine grundlegend neuen Erkenntnisse gegenüber der konventionellen Kartendarstellung bringt, bietet diese Art der Illustration doch eine größere Anschaulichkeit und ermöglicht dem Anwender eine benutzernähere Art des Zugangs zur geowissenschaftlichen Information. Dies ist vor allem auch in der Interaktivität begründet, die es dem Anwender erlaubt, das Gelände dreidimensional aus jedem Blickwinkel und in den verschiedensten Maßstäben zu betrachten und sogar zu 'überfliegen' [112]. Hier stellen ArcScene oder andere 3D-Visualisierungswerkzeuge, wie z.B. der Myriad 3D Reader, umfangreiche Möglichkeiten bereit. Diese sollen an dieser Stelle aber nicht weiter diskutiert werden, es sei auf die jeweiligen Programmdokumentationen verwiesen (vgl. z.B. BOOTH, 2000; Informative Graphics Corporation, 2007).

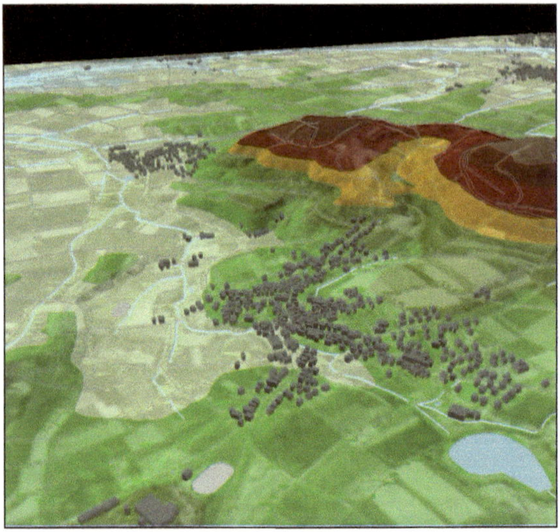

Abb. 12: Scene 'DGM-TIN-Höhenstufen' - Blick auf die Hassberge von SW, im Vordergrund Sulzfeld. – Kombinierte Anzeige von Satellitenbild, TIN u. geographischen Objekten, 1,5-fach überhöht. Legende: blau, grün 250-350 m, ocker, braun 350-450 m

Dabei ist es hier allerdings nicht ganz richtig, von einem 3D-Modell zu sprechen, da mit der eingesetzten ArcGIS-Software keine Körper, wie z.B. Schichten, sondern lediglich Oberflächen modelliert werden können. Im x-y-z-Koordinatenraum repräsentiert die z-Koordinate dabei meist Höhenwerte bezogen auf Normalnull (NN), wie jene, die im vorliegenden Projekt aus der Topographischen Karte gewonnen wurden. Korrekterweise spricht man deshalb von einem 2,5D-Modell. "Echte" 3D-Modellierungssoftware, wie sie im Bergbausektor verwendet wird, erfordert ausreichend Untergrundinformationen, um aussagekräftige Ergebnisse liefern zu können. Diese lagen hier aber nicht vor, so fehlen beispielsweise Bohrungen oder Untertage-Aufschlüsse im Aufnahmegebiet ganz.

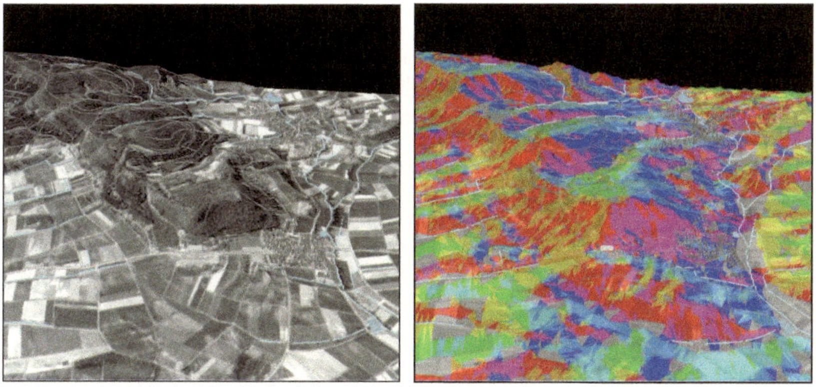

Abb. 13: 3D-Ansicht 'DGM-TIN-Hangneigungsrichtungen' - Blick von Norden auf die Hassbergstufe (rechts). – Kombinierte Darstellung von Satellitenbild, TIN und geographischen Objekten, 1,5-fach überhöht. Legende: vgl. Abb. 10. Im Vergleich dazu die Topographie im Satellitenbild (links)

Voraussetzung für die Erstellung eines 3D-Modells mittels ArcGIS sind die Erweiterungen 3D-Analyst zum Berechnen und Rendern (kontinuierlicher) Oberflächen und ArcScene als Werkzeug zur perspektivischen Darstellung von Oberflächen, Graphiken sowie Themen mit ihren Objekten.

Abb. 14: 3D-Ansicht 'DGM-TIN-Hangneigungen' - Blick auf das Arbeitsgebiet von NW. – Kombinierte Anzeige von Satellitenbild, TIN und geographischen Objekten, 1,5-fach überhöht. Legende: vgl. Abb. 11

Erster Schritt beim Entwurf des Geländemodells mit ArcScene war das Anlegen einer 3D-Ansicht, in der ESRI-Diktion auch 'Scene' genannt, mit dem Namen 'DGM25-5728 Oberlauringen (Nord)' [111]. Für sie wurden die folgenden Grundeinstellungen getroffen: Eigenschaft 'Hintergrundfarbe' auf 'schwarz', für einen optimalen Kontrast, und 'Vertikale Überhöhung' auf den Faktor '1,5'. Eine 1,5-fache Überhöhung des Modells erschien im vorliegenden Fall am geeignetsten, kann aber jederzeit nachträglich geändert werden. ArcScene bietet Werte zwischen 'keiner' und '10-facher Überhöhung' an.

Als Basis für das 3D-Modell sollte das Satellitenbild dienen. In den Scene-Eigenschaften wurde deshalb die Anzeige auf dessen maximale Ausdehnung begrenzt. Für Polylinien-Themen mit Elementen, die sowohl innerhalb wie außerhalb des Anzeigebereiches liegen, greift diese Begrenzung aber nicht. So mussten hier erst mittels der Clip-Funktion des Geodatenverarbeitungsassistenten von ArcMap in ihrer Ausdehnung auf das Satellitenbild beschränkte Layer erzeugt werden [28-32].

Nach dem Einrichten der Scene sind alle für die 3D-Darstellung relevanten geographischen und geologischen Vektor-Themen als 2D-Daten in das Modell eingefügt und in die von den ArcMap-Dokumenten übernommene Gruppenlayerstruktur eingeordnet worden. Als Basishöhe diente ausnahmslos die mit dem 3D-Analyst gerechnete Geländeoberfläche des Nordteils von Blatt Oberlauringen [110], ein Versatz wurde nicht definiert. Extrusion ist nur im Fall der Bebauung und hier mit einem festen Wert (10) angegeben, da eine höhendifferenzierte Anzeige von Gebäuden hinsichtlich der Aufgabenstellung ohne Bedeutung war.

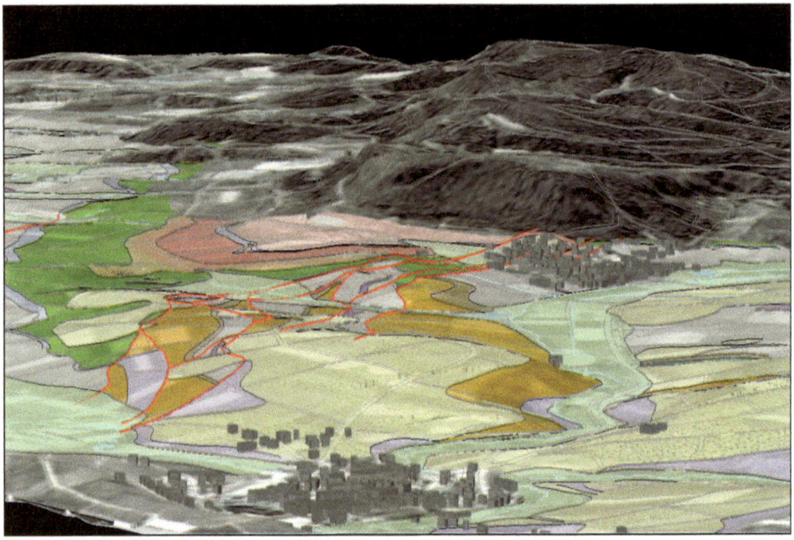

Abb. 15: 3D-Ansicht zur Geologie. Blick von Kleineibstadt nach SE über die Hart bzw. durch das Bargettal in Richtung Kleinbardorf und Hassbergstufe. Im Vordergrund Muschelkalk (violett) und Sandsteine des Unterkeupers (orange), die die Hart aufbauen und im Bargettal angeschnitten sind. Im mittleren Bildabschnitt die Kleinbardorfmulde mit Schichten des oberen Gipskeupers (rot). – Kombinierte Anzeige von Satellitenbild, geologischen und geographischen Objekten, 1,5-fach überhöht

Zusammen mit ausgewählten geographischen Objekten wirken im 3D-Modell die verschiedenen thematischen Aspekte der Geländeoberfläche (Geologie, Höhenstufen, Hangneigungsrichtung und Hangneigung) überaus anschaulich. Für die kombinierte Anzeige wurde für die Flächen-Features eine 30 %-tige Transparenz und eine Darstellungspriorität wie folgt festgelegt: Sehr hoch (1) für geographische Themen, hoch (2, 3) für geologische Vektor- und Raster-Themen, niedrig (7) für die Oberflächenlayer und sehr niedrig (10) für den unterlagernden Satellitenbild-Layer. Zur realistischeren Darstellung sind alle vektorisierten Flächen-Themen geschummert. Dabei wurde die Option 'Smooth Shading' benutzt um die Schatten kleinerer Oberflächenvariationen zu minimieren und so zu einer glatter wirkenden Darstellung zu gelangen. Für die Anzeige der Rasterbilder ist zudem als Resampling-Methode die 'Bilineare Interpolation' gewählt und für die Option 'Qualitätsverbesserung für Rasterbilder' der Wert 'hoch' eingestellt worden.

Abb. 16: 3D-Detailansicht zur Geologie. Blick aus Richtung des Bichenberges (NW) auf das Bargettal und Kleinbardorf. Im mittleren Bildteil Auffiederungszone der Hassbergstörung und Kern der Kleinbardorfmulde mit Schilfstandstein (beige), Lehrbergschichten und -bänken (rot, blau), im Vordergrund Myophorienschichten und Bleiglanzblank (grau, violett). Letztere zeigt den diskutierten „Durchstoß-Effekt“. – Kombinierte Anzeige von Satellitenbild, geologischen und geographischen Objekten, 1,5-fach überhöht

Mit ArcScene ist die Darstellung von 2D-Polygon-Themen in Bereichen mit stärkeren Reliefunterschieden unbefriedigend. Unterlagernde Raster-Layer, wie z.B. das Satellitenbild, können ungeachtet der festgelegten Darstellungspriorität die sie bedeckenden Polygon-Layer, wie z.B. die Bleiglanzbank in Abbildung 16, 'durchstoßen'. Das liegt daran, daß ArcScene bei Polygon-Themen die Höhenwerte an deren Ränder zur Anzeige im 3D-Modell verwendet und keine Interpolation für das Innere des Polygons vornimmt. Bei Raster-Themen hingegen wird die Höhe im Zentrum jeder Zelle für die Interpolation herangezogen, so dass dieser Effekt nicht auftritt. Es wurden daher zunächst alle Polygon-Themen in Raster konvertiert [41-61]. Die Darstellung flächenhafter Objekte durch Grids hat jedoch auch erhebliche Nachteile. Abgesehen davon, dass je nach Auflösung, die bei der Konvertierung der Polygon-Themen verwendet wurde, die Ränder der Raster mehr oder weniger rauh erscheinen, ist die Systembelastung, insbesondere die des Arbeitsspeichers, besonders hoch. Je nach Anzahl und Größe der in einer Scene verwendeten Grids sind so (sehr) lange Lade- und Bildaufbauzeiten die Folge. Es wurden deshalb im 3D-

Modell nur solche Polygon-Themen durch Raster ersetzt, bei denen sich der „Durchstoß-Effekt“ besonders stark bemerkbar macht [42, 45, 54, 59, 61]. Sie sind im Gruppenlayer 'Geologie-Raster' zusammengestellt.

2.3.1 Das 3D-Modell im VRML-Format

Um das interaktive 3D-Modell unabhängig von ArcScene auch in anderen Anwendungen nutzen zu können, wurde es in das Hersteller-unabhängige VRML-3D-Grafikformat (*.wrl) exportiert. Damit können nun auch so leistungsfähigen Visualisierungswerkzeugen wie der Octaga Player oder der Myriad 3D Reader zur Anzeige eingesetzt werden. Diese sind als Plug-Ins für die gängigsten Browser-Typen, wie z.B. dem Microsoft Internet-Explorer, oder als Stand-Alone-Anwendungen im Web verfügbar (vgl. Tab. 2), für den nicht-kommerziellen Einsatz häufig sogar kostenfrei.

VMRL Viewer	Hersteller	Art	Webadresse (URL)
BS_Contact_Geo_70	Bitmanagement Software GmbH	PlugIn	http://www.bitmanagement.de/
BS_Contact_VRML-X3D_7105	Bitmanagement Software GmbH	PlugIn	http://www.bitmanagement.de/
Blaxxun 3D	Blaxxun	PlugIn	http://www. blaxxun.com/
Cosmo Player 2.2.1	Cosmosoftware	PlugIn	http://cic.nist.gov./vrml/cosmoplayer.html
Orbissnap 0.5	Humusoft	Stand alone	http://www.orbissnap.com/
VRML View 3.0	Kongsberg SIM	Stand alone	http://www.km.kongsberg.com/
Myriad 3D Reader	Informative Graphics Corporation	Stand alone	http://www.myriadviewer.com/
Octaga Player	Octaga	PlugIn	http://www.octaga.com/
Cortona 3D Viewer	Parallel Graphics	PlugIn	http://www.cortona3d.com/cortona

Tabelle 2: VMRL-Viewer für Windows (32-Bit)

Vom VRML-Standard (Virtual Reality Modelling Language) existieren verschiedene Versionen: 1.0, 2.0, VMRL 97 und VRML 99 bzw. NG (Next Generation) (vgl. BOLLMANN & KOCH, 2001). Die mit diesen Sprachen beschriebenen Modelle sind in strukturierten, vom Anwender lesbaren Textdateien (ASCII-Zeichenvorrat) abgelegt, die mit jedem Editor bearbeitet werden können. Die 3D-Exportfunktion von ArcScene nutzt VMRL 2.0.

Die Ausgabe nach VRML mit Hilfe des von ArcScene bereitgestellten Exportfilters ist nicht unproblematisch. Zahlreiche Fehlerberichte in verschiedenen Internet-Diskussionsforen berichten davon. So wurde beispielsweise beim Export des Modells Oberlauringen (Nord) mit den zur Vermeidung des „Durchstoß-Effektes“ eingefügten fünf Grids eine VRML-Datei von über 550 MB erzeugt, die weder vom COSMO Player noch vom Cortona 3D Viewer gelesen werden konnte. Wurden die Grids wieder gegen die Polygon-Themen ausgetauscht, entstand eine immerhin noch 260 MB große Datei, die für den Orbissnap-Viewer in der Version 0.5 scheinbar auch noch zu komplex war. War für die Grids die Render-Option 'Qualitätsverbesserung für Rasterbilder' auf 'hoch' eingestellt, so terminierte ArcScene sogar den Export mit einem schwerwiegenden Programmfehler.

Das Ergebnis des VRML-Exportvorgangs war ernüchternd. Kein Viewer lieferte eine korrekte Darstellung des Modells in einer mit ArcScene vergleichbaren Qualität. Zudem variierte die Darstellung je nach Viewer, was sowohl auf den implementierten VRML-Standard als auch auf eine programmspezifische Interpretation der Daten zurückzuführen ist. Insbesondere die eingestellte Transparenz von Polygon- und Raster-Themen zur gleichzeitigen Anzeige von Geologie und Satellitenbild, aber auch die Grids bereiteten allen Viewern Schwierigkeiten: So wurden die Themen meist nur zum Teil dargestellt, so dass fast überall das Satellitenbild durchschien oder es traten in Bereichen, wo Grids für die Anzeige geologischer Schichteinheiten verwendet wurden, abgedunkelte Quadrate auf. Darüber hinaus zeigten einige Viewer keine Linienobjekte, wie z.B. Schichtgrenzen oder Störungen, an (Cortona 3D Viewer,

Octaga Player) oder sie wurden nur in einer Farbe (weiß) dargestellt, die nicht geändert werden konnte (VRML View 3.0). Auch wurden Texturen teilweise körnig und nicht glatt wiedergegeben (z.B. Cortona 3D Viewer). Mit den gegebenen Einstellungsmöglichkeiten der Viewer ließen sich Qualitätsverbesserungen, wenn überhaupt, nur in geringem Umfang erreichen.

Um die durch die gleichzeitige Anzeige von Satellitenbild und Fach-Themen verursachten Darstellungsprobleme zu vermeiden, wurde für den Export in das VRML-Format eigens eine Kopie des Modells angelegt [113]. Bei diesem wurde auf die o.g. Raster-Themen verzichtet und die für die Polygon-Themen eingestellte Transparenz ausgeschaltet. ArcScene erzeugte daraus eine rund 110 MB große VRML-Datei [114] zusammen mit zwei Bilddateien im jpeg-Grafikformat, die auf der Projekt-DVD im Unterverzeichnis 'VMRL' abgelegt sind. Ein gute Wiedergabe des Modells liefert der einfach zu bedienende Myriad 3D Reader (vgl. Abb. 17). Ein von der Textur her noch besseres Ergebnis zeigt der Octaga Player. Leider ist er durch die fehlende Darstellung linearer Objekte (s.o.) unbrauchbar.

Die sinnvolle Nutzung des interaktiven Geländemodells in den 3D-Viewern erfordert eine geeignete Hardware. Gleiches gilt für die effiziente Arbeit mit dem 3D-Modell in ArcScene. Die eingesetzten Systeme sollten daher mit Prozessoren und Grafikkarten der neusten Generation sowie ausreichend Arbeitsspeicher ausgestattet sein (vgl. Kap. 1.1).

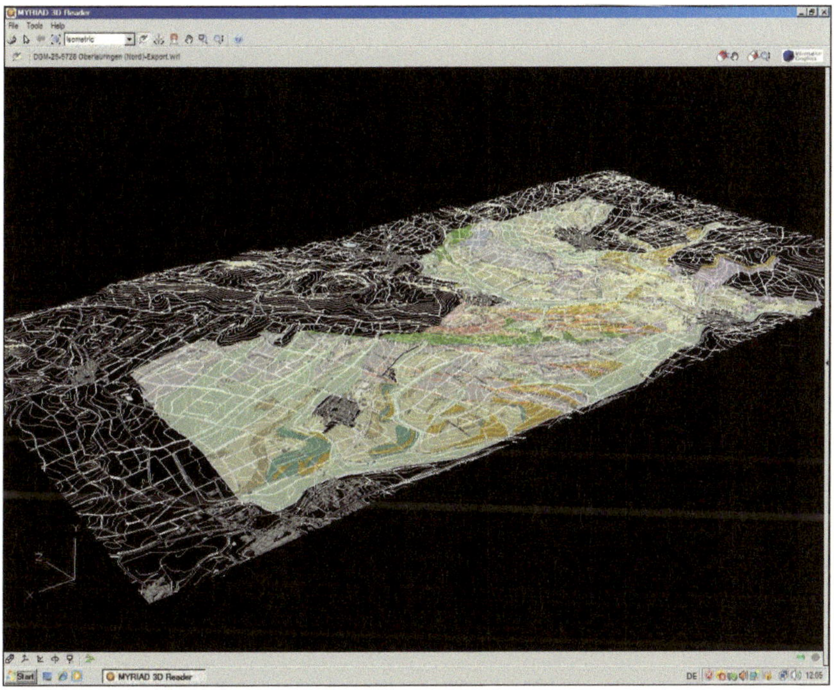

Abb. 17: Nach VRML 2.0 exportiertes 3D-Modell Oberlauringen (Nord) im Myriad 3D Reader – Kombinierte Anzeige von geologischen und geographischen Objekten, 1,5-fach überhöht

2.4 Schichtlagerungskarte (Streichlinienplan)

Analog zur handgezeichneten geologischen Karte wurde die gescannte Schichtlagerungskarte der Diplomkartierung zunächst durch das Anlegen entsprechender Layer und Dateien [100-104] im ArcGIS-Projekt verfügbar gemacht. Wie die Passgenauigkeit der Konstruktionspunkte zeigte, war hier aber, vermutlich aufgrund des schlechteren Papierzustandes, das Ergebnis der Georeferenzierung wenig brauchbar. Nicht-affine Transformationsmethoden brachten keine besseren Ergebnisse, so dass entschieden wurde, auf die gerasterte Schichtlagerungskarte zu verzichten und einen neuen Streichlinienplan auf der Basis der vorhandenen Ergebnisse zu konstruieren.

Durch die höhere Qualität der vom BLVA als Rasterbild gelieferten TK25 standen nun deutlich mehr Detailinformationen für die Streichlinienkonstruktion zur Verfügung als bei der ursprünglich verwendeten, hochkopierten Kartierunterlage. So konnten insgesamt 401 gesicherte Streichpunkte im Kartiergebiet ermittelt werden, wobei im Gegensatz zur ursprünglichen Schichtlagerungskarte nun alle Schnittpunkte zwischen Ausstrichsgrenzen und Höhenlinien, also nicht nur 10er- und 5er-Streichpunkte, berücksichtigt wurden. Bei Schichten ab einem Meter Mächtigkeit sind Streichpunkte sowohl von der Bankbasis als auch von der Schichtoberseite gewonnen worden. Bei Schichten geringer Mächtigkeit mit kleinem Ausbiß, wie z.B. dem Bochinger-Horizont, wurden die Schnittpunkte der Höhenlinien mit der Mitte des Bankausstriches notiert. Davon abweichend ist lediglich bei der Bleiglanzbank am Bichenberg verfahren worden, die in diesem Bereich durch einen großflächigen Ausstrich gekennzeichnet ist [vgl. Abb. 16]. Hier wurde die Bankunterseite zur Festlegung der Streichpunkte verwendet. Die Streichpunkte sind im Layer 'CorbulabankBasis-Streichpunkt' [95] gespeichert und werden in der Karte durch einen roten Punkt mit annotiertem Höhenwert symbolisiert.

Trotz der deutlich gestiegenen Anzahl von Streichpunkten reichen diese zum Entwurf der Schichtlagerungskarte aufgrund der tektonischen Situation aber bei weitem nicht aus. Wie beim handgezeichneten Streichlinienplan mussten daher Hilfspunkte berechnet und in die Karte eingetragen werden. Dazu wurde für ArcMap ein Programm mit Visual Basic for Applications (VBA) unter der Verwendung von ArcObjects geschrieben. Dieses konstruiert entlang einer (Hilfs-) Linie wahlweise 5er- oder 10er-Hilfspunkte zwischen zwei vom Benutzer gewählten Streichpunkten und fügt diese zusammen mit den berechneten Höhenwerten in die Karte ein. Darüber hinaus ist es auf Benutzeranforderung hin möglich, weitere Hilfspunkte über das Ende der Hilfslinie hinaus berechnen zu lassen. Die erstellten Hilfspunkte sind im Layer 'CorbulabankBasis-Hilfspunkt' [99] abgelegt und durch ihre grüne Farbsignatur einfach von den Streichpunkten zu unterscheiden.

Die Routine mit dem Namen 'BerechneHilfspunkteStreichlinienplan' wird durch Anklicken des 'Zirkel'-Buttons in der eigens für das Projekt erstellten Symbolleiste 'DigGK-Tools' gestartet. Voraussetzung für die korrekte Ausführung des Programms ist die Platzierung des Gruppenlayers 'Schichtlagerungskarte-Vektor' als ersten Eintrag im ArcMap-Inhaltsverzeichnis. Die im Gruppenlayer enthaltenen Themen sind in der Reihenfolge 'CorbulabankBasis-Hilfspunkt' (Layer mit Hilfspunkten) [99], 'Corbulabank-Basis-Hilfslinie' (Layer mit Hilfslinien) [98] und 'CorbulabankBasis-Streichpunkt' (Layer mit Streichpunkten) [95] anzuordnen. Zudem muß der Bearbeitungsmodus aktiviert sein.

Nach dem Programmstart wird vom Anwender zunächst eine Eingabe erwartet, ob 5er- oder 10er-Hilfspunkte erzeugt werden sollen. Sodann wird die optimale Hilfspunktzahl zwischen den zwei ausgewählten Streichpunkten ermittelt und dem Benutzer angezeigt. Er kann daraufhin entscheiden, ob weitere Hilfspunkte in der Linienverlängerung konstruiert werden sollen. Die Hilfspunkte werden schließlich berechnet und in die Karten- bzw. Datenansicht von ArcMap eingefügt. Die Hilfslinie dient dann nur noch der Orientierung und kann auch entfernt werden. Die Fehlerbehandlung ist im Programm auf ein Minimum reduziert und wäre bei einer Nutzung durch Dritte ggf. zu ergänzen. Der dokumentierte Code ist in Anhang E abgedruckt. Zudem ist er als VBA-Quelltext auf der Projekt-DVD in der Datei 'DigGK-Tools.bas' [115] und, zusammen mit der Symbolleiste 'DigGK-Tools', in der speziellen Vorlagedatei 'normal.mxt' [116] verfügbar. Die Software ist für den Käufer der Studie unter Ausschluß aller Haftungs- und Gewährleistungsansprüche für eigene Auswertungen frei nutzbar.

Mit den aus der geologischen Karte ermittelten Streich- und den anhand des VBA-Programms berechneten Hilfspunkten konnten nun die Streichlinien, meist im 10er-, seltener auch im 5er-Abstand, konstruiert werden. Dazu wurden in ArcMap mit Hilfe des Skizzenwerkzeuges die Konstruktionspunkte gleicher Höhenlage durch eine Linie miteinander verbunden und deren eckiger Verlauf mit dem Public Domain-Tool 'Smooth Line' geglättet. Als Wert für das Maximum-Offset wurde stets '0' gewählt, um ein Abweichen der Kurve von den Konstruktionspunkten zu unterbinden. Die von LEAD (2003) veröffentlichte VBA-Funktion setzt die IPolycurve.Smooth-Methode von ArcObjects ein und verwendet Bezier-Kurvensegmente. Sie ist in das ArcGIS-Projekt integriert und wird über den 'Kreisbogen'-Button in der Symbolleiste 'DigGK-Tools' aufgerufen.

Die neu konstruierte Schichtlagerungskarte unterscheidet sich in ihrer grundlegenden Aussage nicht von der ursprünglich entworfenen. Gleichwohl konnten aber durch die höhere Anzahl von Streichpunkten Verfeinerungen und Korrekturen vorgenommen werden, die im folgenden kurz andiskutiert werden sollen. Für die komplexen Lagerungsverhältnisse ist die Streichpunktdichte aber nach wie vor in einigen Bereichen viel zu niedrig, so daß oft keine eindeutige strukturelle Interpretation möglich war. Problematisch ist in diesem Zusammenhang zudem die in weiten Teilen des Kartiergebietes vorhandene quartäre Bedeckung. Sie ließ auch in den tektonisch weniger beanspruchten Gebieten im Westen und Osten häufig keine sichere Konstruktion des Streichlinienverlaufs zu, da hier z.T. weit auseinander liegende und nicht senkrecht zum Streichen angeordnete Punkte für den Entwurf herangezogen werden mussten. Die Vertrauenswürdigkeit der Streichlinien lässt sich aber stets relativ einfach anhand der Anzahl und Lage der Streichpunkte im Verhältnis zu den berechneten Hilfspunkten beurteilen.

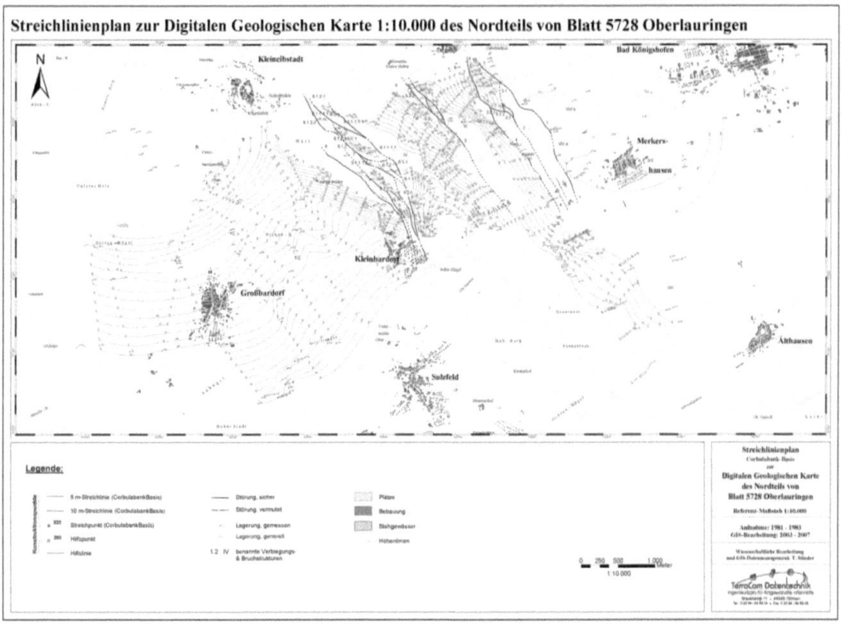

Abb. 18: Streichlinienplan zur Geologischen Karte des Nordteils von Blatt Oberlauringen (Kartenlayout) – Gruppenlayer 'Schichtlagerungskarte-Vektor' und 'Geographie-Vektor' kombiniert, nur die wichtigsten geographischen Themen sind hier zur Orientierung dargestellt

Die Muldenstruktur I ist nach den neu gewonnenen Daten nicht mehr ganz so akzentuiert wie zunächst vermutet. Zudem liegt die Muldenachse etwas weiter östlich. Sicher scheint nun, dass die Mulde sich nicht unmittelbar in die Verbiegungsstruktur II fortsetzt.

Für die mit der römischen Zahl II benannte NE-vergente Mulde westlich von Störung 8 ist eine wesentlich größere Ausdehnung wahrscheinlich als ursprünglich angenommen. Nach den zusätzlich ermittelten Streichpunkten lässt sich nun ein Verlauf der Struktur von Kleineibstadt bis nach Kleinbardorf konstruieren. Auffallend ist, wie der Westrand des Bargettales dem zuerst NW-SE-, dann dem NNW-SSE gerichteten Verlauf der Muldenlinie folgt. Ihr Streichen entspricht damit dem der meisten anderen tektonischen Elemente im Gebiet. Von einem Beginn der Struktur in der Mulde I am Bichenberg, wie in STINDER (1983 / 2007) in Betracht gezogen, ist jetzt nicht mehr auszugehen (s.o.). Wie der Verlauf der Streichlinien erkennen lässt, verengt sich die Struktur von Kleinbardorf sukzessiv bis südlich der Bargetsmühle, weitet sich dann aber noch einmal, um in der Gegend von Kleineibstadt relativ spitz zu enden (Streichpunkt mit der Höhe 435, südöstlich der Krugsmühle).

Unmittelbar nordwestlich von Großbardorf treten Grenzdolomit und Sandsteine des Unterkeupers aus der quartären Bedeckung hervor. Wie die Anordnung der Streichpunkte mit den Höhenwerten 405, 408 und 409 zwischen der 400er- und 410er-Streichlinie zeigt, scheint auch hier eine lokale Verbiegung der Schichten vorzuliegen. Die Anzahl der Streichpunkte reicht aber nicht zu einer Konstruktion der Struktur aus. Aus der Lage des 405er-Streichpunktes in unmittelbarerer Nähe der 410er-Streichlinie geht hervor, dass deren eingezeichneter Verlauf hier sehr fraglich ist.

Die im Königshofer Sattel (VIII) vorhandenen Einmuldungen (VIIIa und VIIIb) sind nur durch wenige Streichpunkte belegt. Auf eine Streichlinienkonstruktion wurde deshalb verzichtet.

Auf der Ostflanke der Hassberge, am Hammersbühel, konnte anhand der neuen Daten eine stark asymmetrische, SE-vergente, in sich verformte Kleinmulde ausgemacht werden. Ein Zusammenhang der Struktur mit den ca. 300 m weiter nordöstlich im Gelände nicht mehr zu verfolgenden Störungen 1-4 ist anzunehmen. Aus diesem Grund wird auch die in STINDER (1983 / 2007) vorgenommene Konstruktion der 380er-Streichlinie in diesem Gebiet jetzt als zu unsicher angesehen. Sie ist daher nicht mehr im Streichlinienplan eingezeichnet.

Literatur

Hinweis: Bei den Internetdokumenten beziehen sich die Jahresangaben auf die Zeit, zu der die entsprechende Seite im Internet erreichbar war. Sie gibt nicht das Datum der ersten Veröffentlichung oder der letzten Änderung der Seite wieder, da nicht bestimmbar war, welcher Inhalt zu welchem Zeitpunkt eingestellt bzw. geändert wurde. Für den VRML Viewer 3.0 wird z.B. als Bearbeitungszeitraum 1996-2000 angegeben. Die Homepage des Herstellers SIM mit Beschreibung und Download der Software war im Jahr 2007 erreichbar und wird deshalb mit dieser Angabe zitiert.

BARTELME, N. (1994): Geoinformatik. – 414 S., 141 Abb.; Springer, Berlin, Heidelberg, New York.

Bayerisches Geologisches Landesamt [Hrsg.] (1999): Generallegende der GK 25/50 von Bayern. Nordbayerische Deckgebirgsfolge, Germanische Schichtfolge (Trias). – Stand: 21. Jan. 1999, 5 S.; München.

Bayerisches Geologisches Landesamt [Hrsg.] (1999): Generallegende der GK 25/50 von Bayern. Quartäre Schichtfolge, allgemein (ohne limnofluviatile und glazigene Abfolge). – Stand: 17. Jun. 1999, 11 S.; München.

Bayerisches Geologisches Landesamt [Hrsg.] (1999): Generallegende der GK 25/50 von Bayern. Quartäre Schichtfolge, nordbayerisch (limnofluviatile Abfolge). – Stand: 17. Jun. 1999, 3 S.; München.

Bitmanagement Software GmbH [Hrsg.] (2007): BS_Contact_Geo_70. – Homepage mit Beschreibung und Download des VRML-Browser-PlugIns, URL: http://www.bitmanagement.de; Bitmanagement Software GmbH.

Bitmanagement Software GmbH [Hrsg.] (2007): BS_Contact_VRML-X3D_7105. – Homepage mit Beschreibung und Download des VRML-Browser-PlugIns, URL: http://www.bitmanagement.de; Bitmanagement Software GmbH.

Blaxxun [Hrsg.] (2007): Blaxxun 3D. – Homepage mit Beschreibung und Download des VRML-Browser-PlugIns, URL: http://www. blaxxun.com; Blaxxun.

BOLLMANN, J. & KOCH, W. [Hrsg.] (2001): Lexikon der Kartographie und Geomatik in zwei Bänden. Erster Band A bis Karti. – 1. Aufl., 453 S., ca. 400 Abb.; Spektrum Akademischer Verlag, Heidelberg, Berlin.

BOLLMANN, J. & KOCH, W. [Hrsg.] (2001): Lexikon der Kartographie und Geomatik in zwei Bänden. Zweiter Band Karto bis Z. – 1. Aufl., 455 S., ca. 400 Abb.; Spektrum Akademischer Verlag, Heidelberg, Berlin.

BOOTH, J. (2000): Using ArcGIS 3D Analyst. - 212 S., div. Abb.; ESRI, Redlands, CA, USA.

BOOTH, J. SHANER, J., CROSIER, S., SANCHEZ, P. & MacDONALD, A. (2002): Editing in ArcMap. – 462 S., div. Abb.; ESRI, Redlands, CA, USA.

Cosmosoftware [Hrsg.] (2007): Cosmo Player 2.2.1. – Open Source seit 1999, Download des VRML-Browser-PlugIns, URL: http://cic.nist.gov./vrml/cosmoplayer.html; SGI.

FRANK, H., DOPPLER, G. & SCHWERD, K. (2000): Grundlagen für eine moderne geologische Landesaufnahme in Bayern. – Geologica Bavarica, **105**, S. 23-48; München.

GEISS, E., FRANK, H., MEHREN, M. & SCHNEIDER, A. (2000): Die Digitale Geologische Karte von Bayern. - Grundsätze, Entwicklung und Stand der digitalen Kartographie. – Geologica Bavarica, **105**, S. 49-61; München.

HÖCK, M. & MANEGOLD, J. (2006): ArcMap Programmierung mit VBA. – 4. Aufl., 831 S., div. Abb.; Eigenverlag, Lavis, TN.

Humusoft [Hrsg.] (2007): Orbissnap 0.5. – Homepage mit Beschreibung und Download des VRML-Viewers, URL: http://www.orbissnap.com; Orbissnap.

Kongsberg SIM [Hrsg.] (2007): VRML View 3.0. – Homepage mit Beschreibung und Download des VRML-Viewers, URL: http://www.km.kongsberg.com; Kongsberg SIM.

MICROSOFT Corporation [Hrsg.] (1998): Visual Basic 6.0 Programmierhandbuch. Der offizielle Leitfaden zur Programmierung mit Visual Basic 6.0. – XV+992 S., div. Abb.; Microsoft Press Deutschland, Unterschleißheim.

MINAMI, M. (2000): Using ArcMap. – Benutzerhandbuch zur Version 8.2 englisch, X+528 S., div. Abb; ESRI, Redlands, CA, USA.

Informative Graphics Corporation [Hrsg.] (2007): Myriad 3D Reader. – Homepage mit Beschreibung und Download des VRML-Viewers, URL: http://www.myriadviewer.com; Informative Graphics Corporation.

LEAD, S. (2003): Smooth polyline or polygon in ArcMap. – ESRI-Scriptseite mit Download des kommentierten VBA-Code, URL: http://arcscripts.esri.com/scripts.

LESZYNSKI, S. & REDDICK, G. (1994): Naming Conventions for Microsoft ACCESS. The Leszynski/Reddick Guidelines for Microsoft ACCESS. – MSDN-Online-Dokument, URL: http://msdn.microsoft.com/archive/default.asp?url=/archive/en-us/dnaraccess/html/ msdn_20naming.asp; Microsoft.

Octaga [Hrsg.] (2007): Octaga Player. – Homepage mit Beschreibung und Download des VRML-Browser-PlugIns, URL: http://www.octaga.com; Octaga.

Parallel Graphics [Hrsg.] (2007): Cortona 3D Viewer. – Homepage mit Beschreibung und Download des VRML-Browser-PlugIns, URL: http://www.cortona3d.com/cortona; Parallel Graphics.

RAINES, G.L., HASTINGS, T.J. & MOYER, L.A. (2007): Proposed ArcGeology Version I. A Geodatabase Design for Digital Geologic Maps using ArcGIS. – 21 S., 5 Abb., 3 Tab.; US Geological Survey, Reno, Nevada.

SHANER, J. & WRIGHTSELL, J. (2000): Editing in Arc Map. – 229 S., div. Abb.; ESRI, Redlands, CA, USA.

Scout Systems [Hrsg.] (1997): D-Sat 2 Satellitenatlas für Deutschland. – Handbuch, 43 S., div. Abb. & Karten, 14 Software- & Daten-CDs incl. Embedded Help mit Technischen Informationen; Top Ware, Mannheim.

STINDER, T. (1983): Revisionskartierung von Muschelkalk und Keuper im N-Teil von Blatt 5728 Oberlauringen. Kartierung mit Erläuterungen. – 111 S., 24 Abb. im Text, 7 Anl.; Diplomkartierung Ruhr-Univ. Bochum 1983. [Unveröff.]

STINDER, T. (1983 / 2007): Revisionskartierung von Muschelkalk und Keuper im N-Teil von Blatt 5728 Oberlauringen. – Diplomkartierung, überarbeitet, 67 S., 24 Abb., 7 Anl., 2 Karten, 2 Profile, ISBN 978-386746-957-9; Examicus-Verlag, Frankfurt am Main, 2008.

STINDER, T. [Hrsg.] (2001): Datenbanken in der geowissenschaftlichen Praxis. Möglichkeiten, Entwicklung, Einsatz. – Schriftenreihe des BDG, **17**, 156 S., div. Abb., 1 Diskette; ISBN 3-9803528-6-2; BDG, Bonn.

VIENNEAU, A. (2001): Using ArcCatalog. – 286 S. div. Abb.; ESRI, Redlands, CA, USA.

Anhang A

Verzeichnis der Abbildungen im Text

Anhang B

Verzeichnis der auf der Projekt-DVD enthaltenen Dateien

Datei-Nr.	Datei- bzw. Dateigruppen-Name & -Typ	Projekt-Verzeichnis .\DigGK10-5728 Oberlauringen(Nord)	Inhalt
[1]	DigGK10-5728Oberlaurigen(Nord)-ArcGisProjekt-BGLA.mxd	..\ArcGIS-Projekt	Arc-Map Dokument 'DigGK10-5728Oberlaurigen(Nord)', Legende im BGLA-Stil
[2]	DigGK10-5728Oberlaurigen(Nord)-ArcGisProjekt-RUB.mxd	..\ArcGIS-Projekt	Arc-Map Dokument 'DigGK10-5728Oberlaurigen(Nord)', Legende im RUB-Stil
[3]	DigGK10-5728Oberlaurigen(Nord)-ArcGisProjekt-Streichlinienplan.mxd	..\ArcGIS-Projekt	Arc-Map Dokument mit Streichlinienplan zur 'DigGK10-5728Oberlaurigen(Nord)', Kartenlayout und Legende für den Streichlinienplan.
[4]	DigGK10-5728Oberlaurigen(Nord)-GK10-BGLA.mxt	..\ArcGIS-Projekt	Arc-Map Template zur 'DigGK10-5728Oberlaurigen(Nord)', GK mit Legende im BGLA-Stil
[5]	DigGK10-5728Oberlaurigen(Nord)-GK10-RUB.mxt	..\ArcGIS-Projekt	Arc-Map Template zur 'DigGK10-5728Oberlaurigen(Nord)' GK mit Legende im RUB-Stil
[6]	DigGK10-5728Oberlaurigen(Nord)-Streichlinienplan.mxt	..\ArcGIS-Projekt	Arc-Map Template zur 'DigGK10-5728Oberlaurigen(Nord)', Streichlinienplan
[7]	DigGK10-5728Oberlaurigen(Nord)-ArcGisProjekt-BGLA.mxd.xml	..\ArcGIS-Projekt	ESRI Metadaten-Datei zu [1]
[8]	DigGK10-5728Oberlaurigen (Nord)-ArcGisProjekt-RUB.mxd.xml	..\ArcGIS-Projekt	ESRI Metadaten-Datei zu [2]
[9]	DigGK10-5728Oberlaurigen(Nord)-ArcGisProjekt-Streichlinienplan.mxd.xml	..\ArcGIS-Projekt	ESRI Metadaten-Datei zu [3]
[10]	GenerallegendeBayern.style	..\ArcGIS-Projekt	Datei mit Legenden-Informationen zur Farbgestaltung, Schriftarten, Symbolen etc. in Anlehnung an die Generallegende der GK25/50 von Bayern
[11]	LegendeKartierungRUB.style	..\ArcGIS-Projekt	Datei mit Legenden-Informationen zur Farbgestaltung, Schriftarten, Symbolen etc. in Anlehnung an die bei Kartierungen an der RUB verwendeten Vorgaben
[12]	TK25-5728Oberlauringen(Nord)_a6913col.tif	...\TK25-5728Oberlauringen(Nord)\Raster\BLVA	TK25-Rasterdaten des BLVA der Blätter 5627 Bad Neustadt a.d. Saale, 5628 Bad Königshofen i. Grabfeld, 5629 Römhild, 5727 Münnerstadt und 5729 Alsleben – Aus dem GIS-Projekt entfernt, vgl. Kap. 1.3.1.1
[13]	TK25-5728Oberlauringen(Nord) _a6913col.twf	...\TK25-5728Oberlauringen(Nord)\Raster\BLVA	World-File zur Georefenzierung von [12] – Aus dem GIS-Projekt entfernt, vgl. Kap. 1.3.1.1
[14]	TK25-5728Oberlauringen(Nord)-Info.txt	...\TK25-5728Oberlauringen(Nord)\Raster\BLVA	Kundeninformation des BLVA zur Rasterdatenlieferung 05/03 [12, 13]; vgl. Anhang C – Aus dem GIS-Projekt entfernt, vgl. Kap. 1.3.1.1
[15]	Bebauung.shp / dbf / sbn / sbx / shx / (xml)	...\TK25-5728Oberlauringen(Nord)\Vektor\	Bebauung nach TK25, Polygongeometrie, Vektor-, Sach-, Symbol- & Metadaten
[16]	Bruchkanten.shp / dbf / sbn / sbx / shx / (xml)	...\TK25-5728Oberlauringen(Nord)\Vektor	Bruchkanten nach TK25, Liniengeometrie, Vektor-, Sach-, Symbol- & Metadaten
[17]	Fließgewässer.shp / dbf / sbn / sbx / shx / (xml)	...\TK25-5728Oberlauringen(Nord)\Vektor	Fließgewässer nach TK25, Liniengeometrie, Vektor-, Sach-, Symbol- & Metadaten
[18]	Höhenlinien.shp / dbf / sbn / sbx / shx / (xml)	...\TK25-5728Oberlauringen(Nord)\Vektor	Höhenlinien nach TK25, Liniengeometrie, Vektor-, Sach-, Symbol- & Metadaten
[19]	Höhenpunkte.shp / dbf / sbn / sbx / shx / (xml)	...\TK25-5728Oberlauringen(Nord)\Vektor	Höhenpunkte nach TK25, Punktgeometrie, Vektor-, Sach-, Symbol- & Metadaten
[20]	Plätze.shp / dbf / sbn / sbx / shx / (xml)	...\TK25-5728Oberlauringen(Nord)\Vektor	Plätze nach TK25, Polygongeometrie, Vektor-, Sach-, Symbol- & Metadaten

Datei-Nr.	Datei- bzw. Dateigruppen-Name & -Typ	Projekt-Verzeichnis .\DigGK10-5728 Oberlauringen(Nord)	Inhalt
[21]	Stehgewässer.shp / dbf / sbn / sbx / shx / (xml)	...\TK25-5728Oberlauringen(Nord)\Vektor	Stehgewässer nach TK25, Polygongeometrie, Vektor-, Sach-, Symbol- & Metadaten
[22]	StrassenWege.shp / dbf / sbn / sbx / shx / (xml)	...\TK25-5728Oberlauringen(Nord)\Vektor	Straßen und Wege nach TK25, Liniengeometrie, Vektor-, Sach-, Symbol- & Metadaten
[23]	BeschriftungGewässer.shp / dbf / sbn / sbx / shx / (xml)	...\TK25-5728Oberlauringen(Nord)\Vektor	Gewässerbeschriftung nach TK25, Punktgeometrie, Vektor-, Sach-, Symbol- & Metadaten
[24]	BeschriftungTopographieGross.shp / dbf / sbn / sbx / shx / (xml)	...\TK25-5728Oberlauringen(Nord)\Vektor	Große Topographiebeschriftung nach TK25, Punktgeometrie, Vektor-, Sach-, Symbol- & Metadaten
[25]	BeschriftungTopographieKlein.shp / dbf / sbn / sbx / shx / (xml)	...\TK25-5728Oberlauringen(Nord)\Vektor	Kleine Topographiebeschriftung nach TK25, Punktgeometrie, Vektor-, Sach-, Symbol- & Metadaten
[26]	BeschriftungTopographieMittel.shp / dbf / sbn / sbx / shx / (xml)	...\TK25-5728Oberlauringen(Nord)\Vektor	Mittelgroße Topographiebeschriftung nach TK25, Punktgeometrie, Vektor-, Sach-, Symbol- & Metadaten
[27]	Scenebereich.shp / dbf / sbn / sbx / shx / (xml)	...\TK25-5728Oberlauringen(Nord)\Vektor	Clip-Polygon zur Beschneidung der Layer [28-32] auf die Ausdehnung des Satellitenbildes [104] zur Anzeige in ArcScene
[28]	BruchkantenScene.shp / dbf / sbn / sbx / shx / (xml)	...\TK25-5728Oberlauringen(Nord)\Vektor	Bruchkanten nach TK25, Liniengeometrie, Vektor-, Sach-, Symbol- & Metadaten, mit Clip-Polygon [27] auf die Ausdehnung des Satellitenbildes [104] beschnitten
[29]	FließgewässerScene.shp / dbf / sbn / sbx / shx / (xml)	...\TK25-5728Oberlauringen(Nord)\Vektor	Fließgewässer nach TK25, Liniengeometrie, Vektor-, Sach-, Symbol- & Metadaten, mit Clip-Polygon [27] auf die Ausdehnung des Satellitenbildes [104] beschnitten
[30]	HöhenlinienScene.shp / dbf / sbn / sbx / shx / (xml)	...\TK25-5728Oberlauringen(Nord)\Vektor	Höhenlinien nach TK25, Liniengeometrie, Vektor-, Sach-, Symbol- & Metadaten, mit Clip-Polygon [27] auf die Ausdehnung des Satellitenbildes [104] beschnitten
[31]	BebauungScene.shp / dbf / sbn / sbx / shx / (xml)	...\TK25-5728Oberlauringen(Nord)\Vektor	Bebauung nach TK25, Polygongeometrie, Vektor-, Sach-, Symbol- & Metadaten, mit Clip-Polygon [27] auf die Ausdehnung des Satellitenbildes [104] beschnitten
[32]	StrassenWegeScene.shp / dbf / sbn / sbx / shx / (xml)	...\TK25-5728Oberlauringen(Nord)\Vektor	Straßen und Wege nach TK25, Liniengeometrie, Vektor-, Sach-, Symbol- & Metadaten, mit Clip-Polygon [27] auf die Ausdehnung des Satellitenbildes [104] beschnitten
[33]	- nicht vergeben -		
[34]	Druckbereich.shp / dbf / sbn / sbx / shx / (xml)	...\TK25-5728Oberlauringen(Nord)\Vektor	Layer zur Ausdehnungsbegrenzung der Anzeige auf den Druckbereich
[35]	Kartenbereich.shp / dbf / sbn / sbx / shx / (xml)	...\TK25-5728Oberlauringen(Nord)\Vektor	Layer zur Ausdehnung der Anzeige auf den gesamten Kartenbereich
[36]	DkOberlauringen-GK10.jpg	...\GK25-5728Oberlauringen(Nord)\Raster\ Diplomkartierung	Rasterbild der handgezeichneten geologischen Karte der Diplomkartierung auf einer hochvergrößerten Kopie der 'TK25 Blatt 5728 Oberlauringen' (Nord) im Maßstab 1:10.000
[37]	DkOberlauringen-GK10.rrd	...\GK25-5728Oberlauringen(Nord)\Raster\ Diplomkartierung	Reduced Resolution Dataset zur schnellern Anzeige von [36]
[38]	DkOberlauringen-GK10.aux	...\GK25-5728Oberlauringen(Nord)\Raster\ Diplomkartierung	Datei mit statistische Informationen zu [36]
[39]	DkOberlauringen-GK10_TransformLinks.txt	...\GK25-5728Oberlauringen(Nord)\Raster\ Diplomkartierung	Textdatei mit Koordinatenpaaren für die Georeferenzierung von [36]

Datei-Nr.	Datei- bzw. Dateigruppen-Name & -Typ	Projekt-Verzeichnis .\DigGK10-5728 Oberlauringen(Nord)	Inhalt
[40]	DkOberlauringen-GK10.jgw	...\GK25-5728Oberlauringen(Nord)\Raster\ Diplomkartierung	World-File zur Georefenzierung von [36]
[41]	--ta_Hangab(schwemmungen)&Talfüllungen.rrd / aux & gleichnamiges Verzeichnis mit adf / log / xml-Dateien & Unterverzeichnis 'Info' mit dat / nit / 001-Dateien	...\GK25-5728Oberlauringen(Nord)\Raster\ Geologie-Vektor	Schichtausbiß nach GK10, Grid (Vektordaten konvertiert), Raster-, Sach-, Symbol- & Metadaten – ArcScene fordert verkürzten Dateinamen
[42]	-Lo(l)_Löß-Lößlehm.rrd / aux & gleichnamiges Verzeichnis mit adf / log / xml-Dateien	...\GK25-5728Oberlauringen(Nord)\Raster\ Geologie-Vektor	Schichtausbiß nach GK10, Grid, (Vektordaten konvertiert), Raster-, Sach-, Symbol- & Metadaten
[43]	qp-G_fluviatileSchotter.rrd / aux & gleichnamiges Verzeichnis mit adf / log / xml-Dateien	...\GK25-5728Oberlauringen(Nord)\Raster\ Geologie-Vektor	Schichtausbiß nach GK10, Grid, (Vektordaten konvertiert), Raster-, Sach-, Symbol- & Metadaten
[44]	-X-fl_Solifluktionsschutt.rrd / aux & gleichnamiges Verzeichnis mit adf / log / xml-Dateien & Unterverzeichnis 'Info' mit dat / nit / 001-Dateien	...\GK25-5728Oberlauringen(Nord)\Raster\ Geologie-Vektor	Schichtausbiß nach GK10, Grid, (Vektordaten konvertiert), Raster-, Sach-, Symbol- & Metadaten
[45]	kmBLbl_Ton-&Mergel(steine)ÜberkmLl.rrd / aux & gleichnamiges Verzeichnis mit adf / log / xml-Dateien	...\GK25-5728Oberlauringen(Nord)\Raster\ Geologie-Vektor	Schichtausbiß nach GK10, Grid, (Vektordaten konvertiert), Raster-, Sach-, Symbol- & Metadat. – ArcScene fordert verkürzten Dateinamen
[46]	kmLl_Lehrbergbänke.rrd / aux & gleichnamiges Verzeichnis mit adf / log / xml-Dateien	...\GK25-5728Oberlauringen(Nord)\Raster\ Geologie-Vektor	Schichtausbiß nach GK10, Grid, (Vektordaten konvertiert), Raster-, Sach-, Symbol- & Metadaten
[47]	kmL_Lehrbergschichten.rrd / aux & gleichnamiges Verzeichnis mit adf / log / xml-Dateien	...\GK25-5728Oberlauringen(Nord)\Raster\ Geologie-Vektor	Schichtausbiß nach GK10, Grid, (Vektordaten konvertiert), Raster-, Sach-, Symbol- & Metadaten
[48]	kmS_Schilfsandstein-(fein-mittel)sandig.rrd / aux & gleichnamiges Verzeichnis mit adf / log / xml-Dateien & Unterverzeichnis 'Info' mit dat / nit / 001-Dateien	...\GK25-5728Oberlauringen(Nord)\Raster\ Geologie-Vektor	Schichtausbiß nach GK10, Grid, (Vektordaten konvertiert), Raster-, Sach-, Symbol- & Metadaten – ArcScene fordert verkürzten Dateinamen
[49]	kmS_Schilfsandstein-schluff(ig).rrd / aux & gleichnamiges Verzeichnis mit adf / log / xml-Dateien & Unterverzeichnis 'Info' mit dat / nit / 001-Dateien	...\GK25-5728Oberlauringen(Nord)\Raster\ Geologie-Vektor	Schichtausbiß nach GK10, Grid, (Vektordaten konvertiert), Raster-, Sach-, Symbol- & Metadaten – ArcScene fordert verkürzten Dateinamen
[50]	kmSt_Schilfsandstein-tonig.rrd / aux & gleichnamiges Verzeichnis mit adf / log / xml-Dateien	...\GK25-5728Oberlauringen(Nord)\Raster\ Geologie-Vektor	Schichtausbiß nach GK10, Grid, (Vektordaten konvertiert), Raster-, Sach-, Symbol- & Metadaten
[51]	kmE_Estherienschichten.rrd / aux & gleichnamiges Verzeichnis mit adf / log / xml-Dateien	...\GK25-5728Oberlauringen(Nord)\Raster\ Geologie-Vektor	Schichtausbiß nach GK10, Grid, (Vektordaten konvertiert), Raster-, Sach-, Symbol- & Metadaten
[52]	kmEc_Corbulabank.rrd / aux & gleichnamiges Verzeichnis mit adf / log / xml-Dateien	...\GK25-5728Oberlauringen(Nord)\Raster\ Geologie-Vektor	Schichtausbiß nach GK10, Grid, (Vektordaten konvertiert), Raster-, Sach-, Symbol- & Metadaten
[53]	kmEd_Dolomitsteinlagen.rrd / aux & gleichnamiges Verzeichnis mit adf / log / xml-Dateien	...\GK25-5728Oberlauringen(Nord)\Raster\ Geologie-Vektor	Schichtausbiß nach GK10, Grid, (Vektordaten konvertiert), Raster-, Sach-, Symbol- & Metadaten
[54]	kmM_Myophorienschichten.rrd / aux & gleichnamiges Verzeichnis mit adf / log / xml-Dateien	...\GK25-5728Oberlauringen(Nord)\Raster\ Geologie-Vektor	Schichtausbiß nach GK10, Grid, (Vektordaten konvertiert), Raster-, Sach-, Symbol- & Metadaten
[55]	kmMb_Bleiglanzbank.rrd / aux & gleichnamiges Verzeichnis mit adf / log / xml-Dateien	...\GK25-5728Oberlauringen(Nord)\Raster\ Geologie-Vektor	Schichtausbiß nach GK10, Grid, (Vektordaten konvertiert), Raster-, Sach-, Symbol- & Metadaten
[56]	kmMd_Dolomitsteinlagen.rrd / aux & gleichnamiges Verzeichnis mit adf / log / xml-Dateien	...\GK25-5728Oberlauringen(Nord)\Raster\ Geologie-Vektor	Schichtausbiß nach GK10, Grid, (Vektordaten konvertiert), Raster-, Sach-, Symbol- & Metadaten
[57]	kmMh_Bochingerbank.rrd / aux & gleichnamiges Verzeichnis mit adf / log / xml-Dateien	...\GK25-5728Oberlauringen(Nord)\Raster\ Geologie-Vektor	Schichtausbiß nach GK10, Grid, (Vektordaten konvertiert), Raster-, Sach-, Symbol- & Metadaten
[58]	kuD_Grenzdolomit.rrd / aux & gleichnamiges Verzeichnis mit adf / log / xml-Dateien	...\GK25-5728Oberlauringen(Nord)\Raster\ Geologie-Vektor	Schichtausbiß nach GK10, Grid, (Vektordaten konvertiert), Raster-, Sach-, Symbol- & Metadaten

Datei-Nr.	Datei- bzw. Dateigruppen-Name & -Typ	Projekt-Verzeichnis .\DigGK10-5728 Oberlauringen(Nord)	Inhalt
[59]	ku_Unt(erer)Keuper-vorw(iegend)Sandst(eine).rrd / aux & gleichnamiges Verzeichnis mit adf / log / xml-Dateien	...\GK25-5728Oberlauringen(Nord)\Raster\Geologie-Vektor	Schichtausbiß nach GK10, Grid, (Vektordaten konvertiert), Raster-, Sach-, Symbol- & Metadat. – ArcScene fordert verkürzten Dateinamen
[60]	ku_Unt(erer)Keuper-vorw(iegend)Tonst(eine).rrd / aux & gleichnamiges Verzeichnis mit adf / log / xml-Dateien	...\GK25-5728Oberlauringen(Nord)\Raster\Geologie-Vektor	Schichtausbiß nach GK10, Grid, (Vektordaten konvertiert), Raster-, Sach-, Symbol- & Metadat. – ArcScene fordert verkürzten Dateinamen
[61]	mo_ObererMuschelkalk.rrd / aux & gleichnamiges Verzeichnis mit adf / log / xml-Dateien	...\GK25-5728Oberlauringen(Nord)\Raster\Geologie-Vektor	Schichtausbiß nach GK10, Grid, (Vektordaten konvertiert), Raster-, Sach-, Symbol- & Metadaten
[62]	Schichtgrenze_sicher.shp / dbf / sbn / sbx / shx / (xml)	...\GK25-5728Oberlauringen(Nord)\Vektor	Schichtgrenzen, sicher nach GK10, Liniengeometrie, Vektor-, Sach-, Symbol- & Metadaten
[63]	Schichtgrenze_vermutet.shp / dbf / sbn / sbx / shx / (xml)	...\GK25-5728Oberlauringen(Nord)\Vektor	Schichtgrenzen, vermutet n. GK10, Liniengeometrie, Vektor-, Sach-, Symbol- & Metadaten
[64]	Störung_sicher.shp / dbf / sbn / sbx / shx / (xml)	...\GK25-5728Oberlauringen(Nord)\Vektor	Störung, sicher nach GK10, Liniengeometrie, Vektor-, Sach-, Symbol- & Metadaten
[65]	Störung_vermutet.shp / dbf / sbn / sbx / shx / (xml)	...\GK25-5728Oberlauringen(Nord)\Vektor	Störung, vermutet nach GK10, Liniengeometrie, Vektor-, Sach-, Symbol- & Metadaten
[66]	Lagerung_gemessen.shp / dbf / sbn / sbx / shx / (xml)	...\GK25-5728Oberlauringen(Nord)\Vektor	Lagerung, gemessen nach GK10, Punktgeometrie, Vektor-, Sach-, Symbol- & Metadaten
[67]	Lagerung_generell.shp / dbf / sbn / sbx / shx / (xml)	...\GK25-5728Oberlauringen(Nord)\Vektor	Lagerung, generell nach GK10, Punktgeometrie, Vektor-, Sach-, Symbol- & Metadaten
[68]	BeschriftungTektonik.shp / dbf / sbn / sbx / shx / (xml)	...\GK25-5728Oberlauringen(Nord)\Vektor	Tektonikbeschriftung nach GK10, Punktgeometrie, Vektor-, Sach-, Symbol- & Metadaten
[69]	Profile.shp / dbf / sbn / sbx / shx / (xml)	...\GK25-5728Oberlauringen(Nord)\Vektor	Profile A-B und C-D, Liniengeometrie, Vektor-, Sach-, Symbol- & Metadaten
[70]	Doline.shp / dbf / sbn / sbx / shx / (xml)	...\GK25-5728Oberlauringen(Nord)\Vektor	Dolinienvorkommen nach GK10, Punktgeometrie, Vektor-, Sach-, Symbol- & Metadaten
[71]	Fossilfundpunkt.shp / dbf / sbn / sbx / shx / (xml)	...\GK25-5728Oberlauringen(Nord)\Vektor	Fossilfundpunkt nach GK10, Punktgeometrie, Vektor-, Sach-, Symbol- & Metadaten
[72]	Gipsrediuen.shp / dbf / sbn / sbx / shx / (xml)	...\GK25-5728Oberlauringen(Nord)\Vektor	Gipsresiduenvorkommen n. GK10, Punktgeometrie, Vektor-, Sach-, Symbol- & Metadaten
[73]	Quelle.shp / dbf / sbn / sbx / shx / (xml)	...\GK25-5728Oberlauringen(Nord)\Vektor	Quelle (nicht in der TK25) nach GK10, Punktgeom., Vektor-, Sach-, Symbol- & Metadaten
[74]	--ta_Hangabschwemmungen&Talfüllungen / dbf / sbn / sbx / shx / (xml)	...\GK25-5728Oberlauringen(Nord)\Vektor	Schichtausbiß nach GK10, Polygongeometrie, Vektor-, Sach-, Symbol- & Metadaten
[75]	-Lo(l)_Löß-Lößlehm.shp / dbf / sbn / sbx / shx / (xml)	...\GK25-5728Oberlauringen(Nord)\Vektor	Schichtausbiß nach GK10, Polygongeometrie, Vektor-, Sach-, Symbol- & Metadaten
[76]	qp-G_fluviatileSchotter.shp / dbf / sbn / sbx / shx / (xml)	...\GK25-5728Oberlauringen(Nord)\Vektor	Schichtausbiß nach GK10, Polygongeometrie, Vektor-, Sach-, Symbol- & Metadaten
[77]	-X-fl_Solifluktionsschutt.shp / dbf / sbn / sbx / shx / (xml)	...\GK25-5728Oberlauringen(Nord)\Vektor	Schichtausbiß nach GK10, Polygongeometrie, Vektor-, Sach-, Symbol- & Metadaten
[78]	kmBLbl_Ton-&MergelsteineÜberkmLl.shp / dbf / sbn / sbx / shx / (xml)	...\GK25-5728Oberlauringen(Nord)\Vektor	Schichtausbiß nach GK10, Polygongeometrie, Vektor-, Sach-, Symbol- & Metadaten
[79]	kmLl_Lehrbergbänke.shp / dbf / sbn / sbx / shx / (xml)	...\GK25-5728Oberlauringen(Nord)\Vektor	Schichtausbiß nach GK10, Polygongeometrie, Vektor-, Sach-, Symbol- & Metadaten
[80]	kmL_Lehrbergschichten.shp / dbf / sbn / sbx / shx / (xml)	...\GK25-5728Oberlauringen(Nord)\Vektor	Schichtausbiß nach GK10, Polygongeometrie, Vektor-, Sach-, Symbol- & Metadaten
[81]	kmS_Schilfsandstein-fein-mittelsandig.shp / dbf / sbn / sbx / shx / (xml)	...\GK25-5728Oberlauringen(Nord)\Vektor	Schichtausbiß nach GK10, Polygongeometrie, Vektor-, Sach-, Symbol- & Metadaten
[82]	kmS_Schilfsandstein-schluffig.shp / dbf / sbn / sbx / shx / (xml)	...\GK25-5728Oberlauringen(Nord)\Vektor	Schichtausbiß nach GK10, Polygongeometrie, Vektor-, Sach-, Symbol- & Metadaten
[83]	kmSt_Schilfsandstein-tonig.shp / dbf / sbn / sbx / shx / (xml)	...\GK25-5728Oberlauringen(Nord)\Vektor	Schichtausbiß nach GK10, Polygongeometrie, Vektor-, Sach-, Symbol- & Metadaten
[84]	kmE_Estherienschichten.shp / dbf / sbn / sbx / shx / (xml)	...\GK25-5728Oberlauringen(Nord)\Vektor	Schichtausbiß nach GK10, Polygongeometrie, Vektor-, Sach-, Symbol- & Metadaten
[85]	kmEc_Corbulabank.shp / dbf / sbn / sbx / shx / (xml)	...\GK25-5728Oberlauringen(Nord)\Vektor	Schichtausbiß nach GK10, Polygongeometrie, Vektor-, Sach-, Symbol- & Metadaten

Datei-Nr.	Datei- bzw. Dateigruppen-Name & -Typ	Projekt-Verzeichnis .\DigGK10-5728 Oberlauringen(Nord)	Inhalt
[86]	kmEd_Dolomitsteinlagen.shp / dbf / sbn / sbx / shx / (xml)	...\GK25-5728Oberlau-ringen(Nord)\Vektor	Schichtausbiß nach GK10, Polygongeometrie, Vektor-, Sach-, Symbol- & Metadaten
[87]	kmM_Myophorienschichten.shp / dbf / sbn / sbx / shx / (xml)	...\GK25-5728Oberlau-ringen(Nord)\Vektor	Schichtausbiß nach GK10, Polygongeometrie, Vektor-, Sach-, Symbol- & Metadaten
[88]	kmMb_Bleiglanzbank.shp / dbf / sbn / sbx / shx / (xml)	...\GK25-5728Oberlau-ringen(Nord)\Vektor	Schichtausbiß nach GK10, Polygongeometrie, Vektor-, Sach-, Symbol- & Metadaten
[89]	kmMd_Dolomitsteinlagen.shp / dbf / sbn / sbx / shx / (xml)	...\GK25-5728Oberlau-ringen(Nord)\Vektor	Schichtausbiß nach GK10, Polygongeometrie, Vektor-, Sach-, Symbol- & Metadaten
[90]	kmMh_Bochingerbank.shp / dbf / sbn / sbx / shx / (xml)	...\GK25-5728Oberlau-ringen(Nord)\Vektor	Schichtausbiß nach GK10, Polygongeometrie, Vektor-, Sach-, Symbol- & Metadaten
[91]	kuD_Grenzdolomit.shp / dbf / sbn / sbx / shx / (xml)	...\GK25-5728Oberlau-ringen(Nord)\Vektor	Schichtausbiß nach GK10, Polygongeometrie, Vektor-, Sach-, Symbol- & Metadaten
[92]	ku_UntererKeuper-vorwiegendSandsteine.shp / dbf / sbn / sbx / shx / (xml)	...\GK25-5728Oberlau-ringen(Nord)\Vektor	Schichtausbiß nach GK10, Polygongeometrie, Vektor-, Sach-, Symbol- & Metadaten
[93]	ku_UntererKeuper-vorwiegendTonsteine.shp / dbf / sbn / sbx / shx / (xml)	...\GK25-5728Oberlau-ringen(Nord)\Vektor	Schichtausbiß nach GK10, Polygongeometrie, Vektor-, Sach-, Symbol- & Metadaten
[94]	mo_ObererMuschelkalk.shp / dbf / sbn / sbx / shx / (xml)	...\GK25-5728Oberlau-ringen(Nord)\Vektor	Schichtausbiß nach GK10, Polygongeometrie, Vektor-, Sach-, Symbol- & Metadaten
[95]	CorbulabankBasis-Streichpunkt.shp / dbf / sbn / sbx / shx / (xml)	...\GK25-5728Oberlau-ringen(Nord)\Vektor	Schnittpunkt der Corbulabank-Bankunterseite mit einer Höhenlinie nach GK10, Punktgeometrie, Vektor-, Sach-, Symbol- & Metadaten
[96]	CorbulabankBasis-Streichlinie-5m.shp / dbf / sbn / sbx / shx / (xml)	...\GK25-5728Oberlau-ringen(Nord)\Vektor	5m-Streichlinie der Corbulabank-Bankunterseite nach GK10, Liniengeometrie, Vektor-, Sach-, Symbol- & Metadaten
[97]	CorbulabankBasis-Streichlinie-10m.shp / dbf / sbn / sbx / shx / (xml)	...\GK25-5728Oberlau-ringen(Nord)\Vektor	10m-Streichlinie der Corbulabank-Bankunterseite nach GK10, Liniengeometrie, Vektor-, Sach-, Symbol- & Metadaten
[98]	CorbulabankBasis-Hilfslinie.shp / dbf / sbn / sbx / shx / (xml)	...\GK25-5728Oberlau-ringen(Nord)\Vektor	Berechnete Hilfslinie zwischen zwei Streichpunkten auf der Hilfspunkte angeordnet werden, Liniengeometrie, Vektor-, Sach-, Symbol- & Metadaten
[99]	CorbulabankBasis-Hilfspunkt.shp / dbf / sbn / sbx / shx / (xml)	...\GK25-5728Oberlau-ringen(Nord)\Vektor	Berechneter Hilfs(streich)punkt der Corbulabank-Bankunterseite, Punktgeometrie, Vektor-, Sach-, Symbol- & Metadaten
[100]	DkOberlauringen-Schichtlagerungskarte.jpg	...\GK25-5728Oberlau-ringen(Nord)\Vektor	Rasterbild der handgezeichneten Schichtlagerungskarte zur 'Geologischen Karte von Blatt 5728 Oberlauringen (Nord)' im Maßstab 1: 10.000 – Aus dem GIS-Projekt entfernt, vgl. Kap. 2.4
[101]	DkOberlauringen-Schichtlagerungskarte.rrd	...\GK25-5728Oberlau-ringen(Nord)\Vektor	Reduced Resolution Dataset zur schnellern Anzeige von [100] – Aus dem GIS-Projekt entfernt, vgl. Kap. 2.4
[102]	DkOberlauringen-Schichtlagerungskarte.aux	...\GK25-5728Oberlau-ringen(Nord)\Vektor	Datei mit statistische Informationen zu [100] – Aus dem GIS-Projekt entfernt, vgl. Kap. 2.4
[103]	DkOberlauringen-Schichtlagerungskarte_Trans-formLinks.txt	...\GK25-5728Oberlau-ringen(Nord)\Vektor	Textdatei mit Koordinatenpaaren für die Georeferenzierung von [100] – Aus dem GIS-Projekt entfernt, vgl. Kap. 2.4
[104]	DkOberlauringen-Schichtlagerungskarte.jwg	...\GK25-5728Oberlau-ringen(Nord)\Vektor	World-File zur Georeferenzierung von [100] - Aus dem Projekt entfernt, vgl. Kap. 2.4
[105]	DSat2-5728Oberlauringen(Nord)-91-96.jpg	...\DSat2-5728Oberlau-ringen (Nord)\Raster	Satellitenrasterbild des Gebietes der 'TK25 Blatt 5728 Oberlauringen (Nord) ' aus dem DSat2-Satellitenatlas für Deutschland
[106]	DSat2-5728Oberlauringen(Nord)-91-96.rrd	...\DSat2-5728Oberlau-ringen (Nord)\Raster	Reduced Resolution Dataset zur schnellern Anzeige von [105]

Datei-Nr.	Datei- bzw. Dateigruppen-Name & -Typ	Projekt-Verzeichnis .\DigGK10-5728 Oberlauringen(Nord)	Inhalt
[107]	DSat2-5728Oberlauringen(Nord)-91-96.aux	...\DSat2-5728Oberlauringen (Nord)\Raster	Datei mit statistische Informationen zu [105]
[108]	DSat2-5728Oberlauringen(Nord)-91-96_TransformLinks.txt	...\DSat2-5728Oberlauringen (Nord)\Raster	Textdatei mit Koordinatenpaaren für die Georeferenzierung von [105]
[109]	DSat2-5728Oberlauringen(Nord)-91-96.jwg	...\DSat2-5728Oberlauringen (Nord)\Raster	World-File zur Georeferenzierung von [105]
[110]	tdenv.adf, tedg.adf, thul.adf, tmsk.adf, tmsx.adf, tnod.adf, tnxy.adf, tnz.adf	...\DGM10-5728(Nord) \DGM-TIN	Dateisammlung, die das generierte Geländemodell von Blatt 5728 Oberlauringen (Nord) definiert und beschreibt
[111]	DGM25-5728 Oberlauringen (Nord).sxd	..\ArcGIS-Projekt\ DGM10-5728(Nord)\ DGM-Scene	Interaktives 3D-Modell von Blatt 5728 Oberlauringen (Nord) im ArcScene-Format
[112]	DGM-25-5728 Oberlauringen (Nord)-Rundflug.avi	..\ArcGIS-Projekt\ DGM10-5728(Nord)\ DGM-Scene	„Rundflug“-Video über das Arbeitsgebiet im avi-Format, durch Export aus [111]
[113]	DGM25-5728 Oberlauringen (Nord)-Export.sxd	..\ArcGIS-Projekt\ DGM10-5728(Nord) \ DGM-Scene\VRML	Interaktives 3D-Modell von Blatt 5728 Oberlauringen (Nord) im ArcScene-Format aufbereitet für den Export nach VRML
[114]	DGM25-5728 Oberlauringen (Nord).wrl / jpeg	..\ArcGIS-Projekt\ DGM10-5728(Nord)\ DGM-Scene\VRML	Interaktives 3D-Modell von Blatt 5728 Oberlauringen (Nord) im VRML-Format (wrl-Datei und zwei assoziierte jpeg-Dateien)
[115]	DGKTools.bas	..\ArcGIS-Projekt	VBA-Projektdatei mit dem Quellcode für die Programme 'BerechneHilfspunkteStreichlinienplan', 'Smooth Line' und 'AddShapePointXY'
[116]	normal_Vorlagedatei.mxt	..\ArcGIS-Projekt	Spezielle Vorlagedatei, die neben der Symbolleiste 'DigGK-Tools' auch den VBA-Code enthält. Um Sie zu nutzen, muß sie in das Programmverzeichnis ..arcexe83\bin\Templates kopiert werden und die dortige 'normal.mxt' ersetzen, vorher den Namenszusatz '_Vorlagedatei' durch Umbenennen entfernen
[117]	DigGK10-5728Oberlaurigen(Nord)-GDB.mdb	..\ArcGIS-Projekt	Personal-Geodatabase des GIS-Projektes 'DigGK10-5728Oberlaurigen(Nord) '

Datei-Nr.	Datei- bzw. Dateigruppen-Name & -Typ	Projekt-Verzeichnis .\DigGK10-5728 Oberlauringen(Nord)	Inhalt
[Erl]	2009-02-13_STINDER, T. (2009)_DigGK d. Nordteils v. Bl. 5728 Oberlauringen.pdf	..\Erläuterungen	Erläuterungstext (dieses Dokument) mit dem Titel 'Digitale Geologische Karte des Nordteils von Blatt 5728 Oberlauringen (Unterfranken). Erläuterungen zur Methodik und zum Datenmanagement mittels GIS' zum ArcGIS-Projekt im PDF-Format
[Abb.1]	DigGK d. Nordteils v. Bl. 5728 Oberlauringen_ Abb.1-Geodatabase'	..\Erläuterungen\ Abbildungen	jpg-Datei zu [Erl] 'Abb.1-Geodatabase'
[Abb.2]	DigGK d. Nordteils v. Bl. 5728 Oberlauringen_ Abb.2-TK25	..\Erläuterungen\ Abbildungen	jpg-Datei zu [Erl] 'Abb.2-TK25' – Aus dem GIS-Projekt entfernt, vgl. Kap. 1.3.1.1
[Abb.3]	DigGK d. Nordteils v. Bl. 5728 Oberlauringen_ Abb.3-Kenngrößen COSMOS	..\Erläuterungen\ Abbildungen	jpg-Datei zu [Erl] 'Abb.3-Kenngrößen COSMOS'
[Abb.4]	DigGK d. Nordteils v. Bl. 5728 Oberlauringen_ Abb.4-Polarer Orbit	..\Erläuterungen\ Abbildungen	jpg-Datei zu [Erl] 'Abb.4-Polarer Orbit '
[Abb.5]	DigGK d. Nordteils v. Bl. 5728 Oberlauringen_ Abb.5-Parallelprojektion	..\Erläuterungen\ Abbildungen	jpg-Datei zu [Erl] 'Abb.5-Parallelprojektion'
[Abb.6]	DigGK d. Nordteils v. Bl. 5728 Oberlauringen_ Abb.6-Satellitenbild	..\Erläuterungen\ Abbildungen	jpg-Datei zu [Erl] 'Abb.6-Satellitenbild '
[Abb.7]	DigGK d. Nordteils v. Bl. 5728 Oberlauringen_ Abb.7-GeologischeKarte-LayoutView	..\Erläuterungen\ Abbildungen	jpg-Datei zu [Erl] 'Abb.7-GeologischeKarte-LayoutView'
[Abb.8a]	DigGK d. Nordteils v. Bl. 5728 Oberlauringen_ Abb.8a-Lesezeichen	..\Erläuterungen\ Abbildungen	jpg-Datei zu [Erl] 'Abb.8a-Lesezeichen', Teil von Abb-8
[Abb.8ba]	DigGK d. Nordteils v. Bl. 5728 Oberlauringen_ Abb.8ba-2D-Ansicht NES-BGLA	..\Erläuterungen\ Abbildungen	jpg-Datei zu [Erl] 'Abb.8ba-2D-Ansicht NES-BGLA', Teil von Abb-8
[Abb.8bb]	DigGK d. Nordteils v. Bl. 5728 Oberlauringen_ Abb.8bb-2D-Ansicht NES-RUB	..\Erläuterungen\ Abbildungen	jpg-Datei zu [Erl] 'Abb.8bb-2D-Ansicht NES-RUB', Teil von Abb-8, hier nicht verwendet
[Abb.9]	DigGK d. Nordteils v. Bl. 5728 Oberlauringen_ Abb.9-DGM-Höhenstufen	..\Erläuterungen\ Abbildungen	jpg-Datei zu [Erl] 'Abb.9-DGM-Höhenstufen'
[Abb.10]	DigGK d. Nordteils v. Bl. 5728 Oberlauringen_ Abb.10-DGM-Hangneigungsrichtungen	..\Erläuterungen\ Abbildungen	jpg-Datei zu [Erl] 'Abb.10-DGM-Hangneigungsrichtungen'
[Abb.11]	DigGK d. Nordteils v. Bl. 5728 Oberlauringen_ Abb.11-DGM-Hangneigungen	..\Erläuterungen\ Abbildungen	jpg-Datei zu [Erl] 'Abb.11-DGM-Hangneigungen'
[Abb.12]	DigGK d. Nordteils v. Bl. 5728 Oberlauringen_ Abb.12-Scene-Höhenstufen	..\Erläuterungen\ Abbildungen	jpg-Datei zu [Erl] 'Abb.12-Scene-Höhenstufen '
[Abb.13a]	DigGK d. Nordteils v. Bl. 5728 Oberlauringen_ Abb.13a-Scene-Satellitenbild	..\Erläuterungen\ Abbildungen	jpg-Datei zu [Erl] 'Abb.13a-Scene-Satellitenbild', Teil von Abb-13
[Abb.13b]	DigGK d. Nordteils v. Bl. 5728 Oberlauringen_ Abb.13b-Scene-Hangneigungsrichtungen	..\Erläuterungen\ Abbildungen	jpg-Datei zu [Erl] 'Abb.13b-Scene-Hangneigungsrichtungen', Teil von Abb. 13
[Abb.14]	DigGK d. Nordteils v. Bl. 5728 Oberlauringen_ Abb.14-Scene-Hangneigungen	..\Erläuterungen\ Abbildungen	jpg-Datei zu [Erl] 'Abb.14-Scene-Hangneigungen'
[Abb.15]	DigGK d. Nordteils v. Bl. 5728 Oberlauringen_ Abb.15-Scene-Geologie	..\Erläuterungen\ Abbildungen	jpg-Datei zu [Erl] 'Abb.15-Scene-Geologie'
[Abb.16]	DigGK d. Nordteils v. Bl. 5728 Oberlauringen_ Abb.16-Scene-Geologie-Detail	..\Erläuterungen\ Abbildungen	jpg-Datei zu [Erl] 'Abb.16-Scene-Geologie-Detail '
[Abb.17]	DigGK d. Nordteils v. Bl. 5728 Oberlauringen_ Abb.17-VRML-Ausgabe	..\Erläuterungen\ Abbildungen	jpg-Datei zu [Erl] 'Abb.17-VRML-Ausgabe'
[Abb.18]	DigGK d. Nordteils v. Bl. 5728 Oberlauringen_ Abb.18-Streichlinienplan-LayoutView	..\Erläuterungen\ Abbildungen	jpg-Datei zu [Erl] 'Abb.18-Streichlinienplan-LayoutView'

Anhang C

Kundeninformation des BLVA zur Rasterdatenlieferung 05/03 (Auszug)

Kartenwerk: Topographische Karte 1 : 25 000

Ausschnitt aus folgenden Blaettern:

Blattnr.	Dateiname	Stand
5627	a6913<Fozu>.tif	1994
5628	a6913<Fozu>.tif	1998
5629	a6913<Fozu>.tif	2000
5727	a6913<Fozu>.tif	1994
5728	a6913<Fozu>.tif	1998
5729	a6913<Fozu>.tif	1998

Namen der Folienzusammenkopien <Fozu>:

<Fozu>	betroffene Folien
col	
	Grundriss
	Gewaesserkontur
	Gewaesserdecker
	Hoehenlinien

Orientierung: 12_Gra

Ausgabeformat: tif_un TIFF Uncompressed Bi-level

Aufloesung: 320.0 L/cm

Groesse eines Pixels in der Natur: 0.781250 m auf 0.781250 m

Meridianstreifen: 12

Das Pixel-Koordinatensystem ist parallel dem Gauss-Krueger-Koordinatensystem (Hauptmeridian 12 Grad).

Bitte beachten Sie:

- Bei mehreren Folien zu einer Blatt- bzw. Auftragsnummer werden nur die Blattecken einer Folie angezeigt. Diese Werte sind fuer alle Dateien mit der gleichen Nummer gueltig.
- Mit " GK Koord. Rastermatrix " werden die Gauss-Krueger Koordinaten der Bildecken des gesamten Rasterbildes bezeichnet, mit " GK Koord. Kartenbildecken " sind die Eckpunkte bzw. die Passmarken des Kartenbildes im Regelblattschnitt gemeint.

Blatteckenwerte der Dateien a6913col.tif

GK_Koord. Rastermatrix			Bild_Koord.	
links oben :	4381000.00	5575000.00	0	0
rechts oben :	4393150.00	5575000.00	15555	0
rechts unten:	4393150.00	5569000.00	15555	-7682
links unten:	4381000.00	5569000.00	0	-7682

Anhang D

Spezifikation der im GIS-Projekt verwendeten Legenden

1. Elemente des Gruppenlayers 'Geographie-Vektor'

LayerName	Symbolart	Symboltyp	(Füll-) Farbe [RGB]	Style	Breite / Größe	Umrißfarbe [RGB]	Umrißstyle	Umriß-stärke
Höhenpunkte	Kreis	Einfaches Markersymbol	179 / 153 / 77	/		0 / 0 / 0	durchgezogen	1,0
Höhenlinien	Linie	Einfaches Liniensymbol	179 / 153 / 77	durchgezogen	1,0	/	/	/
Bruchkanten	Linie	Einfaches Liniensymbol	179 / 153 / 77	durchgezogen	1,0	/	/	/
Fließgewässer	Linie	Kartograph. Liniensymbol	151 / 219 / 242	durchgezogen	1,0	0 / 92 / 230	durchgezogen	5,0
Fließgewässer (ArcScene)	Linie	Einfaches Liniensymbol	151 / 219 / 242	durchgezogen	2,0	/	/	/
Stehgewässer	Polygon	Einfaches Füllsymbol	152 / 219 / 242	/	/	0 / 92 / 230	durchgezogen	1,0
StrassenWege	Linie	Einfaches Liniensymbol	0 / 0 / 0	durchgezogen	1,0	/	/	/
Plätze	Polygon	Einfaches Füllsymbol	224 / 224 / 224	/		110/ 110 /110	durchgezogen	0,4
Bebauung	Polygon	Einfaches Füllsymbol	130 / 130 / 130	/	/	110/ 110 /110	durchgezogen	0,4
Druckbereich	Polygon	Einfaches Füllsymbol	/	/		0 / 0 / 230	durchgezogen	5,0
BeschriftungGewässer	Kreis	Einfaches Markersymbol	/	/	4,0	/	/	1,0
BeschriftungTopographieGross	Kreis	Einfaches Markersymbol	/	/	17,0	/	/	1,0
BeschriftungTopographieMittel	Kreis	Einfaches Markersymbol	/	/	4,0	/	/	1,0
BeschriftungTopographieKlein	Kreis	Einfaches Markersymbol	/	/	4,0	/	/	1,0

2. Elemente des Gruppenlayers 'Geologie-Vektor'

LayerName	Symbolart	Symboltyp	(Füll-) Farbe [RGB]	Style	Breite / Größe	Umrißfarbe [RGB]	Umrißstyle	Umriß-stärke
CorbulabankBasis-Hilfspunkt	Kreis	Einfaches Markersymbol	0 / 224 / 0	/	4,0	0 / 0 / 0	durchgezogen	1
CorbulabankBasis-Hilfslinie	Linie	Einfaches Liniensymbol	0 / 133 / 0	durchgezogen	1,0	/	/	/
CorbulabankBasis-Streichpunkt	Kreis	Einfaches Markersymbol	255 / 0 / 0	/	4,0	0 / 0 / 0	durchgezogen	1
CorbulabankBasis-Streichlinie-5 m	Linie	Einfaches Liniensymbol	230 / 0 / 0	Strich-Punkt-Strich	1,0	/	/	/
CorbulabankBasis-Streichlinie-10 m	Linie	Einfaches Liniensymbol	230 / 0 / 0	durchgezogen	1,0	/	/	/
Doline	Bild	Zeichen-Markersymbol	0 / 0 / 0	/	18,0	/	/	/
Fossilfundpunkt	Bild	Zeichen-Markersymbol	0 / 0 / 0	/	18,0	/	/	/
Gipsresiduen	Bild	Zeichen-Markersymbol	0 / 0 / 0	/	10,0	/	/	/
Quelle	Kreis	Einfaches Markersymbol	0 / 92 / 230	/	4,0	0 / 0 / 0	durchgezogen	1
Schichtgrenze_sicher	Linie	Einfaches Liniensymbol	0 / 0 / 0	durchgezogen	1,0	/	/	/
Schichtgrenze_vermutet	Linie	Einfaches Liniensymbol	0 / 0 / 0	gestrichelt	1,0	/	/	/
Störung_sicher	Linie	Einfaches Liniensymbol	0 / 0 / 0	durchgezogen	2,0	/	/	/
Störung_vermutet	Linie	Kartograph. Liniensymbol	0 / 0 / 0	durchgezogen	2,0	/	/	/
Lagerung_gemessen	Bild	Zeichen-Markersymbol	0 / 0 / 0	/	38,0	/	/	/
Lagerung_generell	Bild	Zeichen-Markersymbol	0 / 0 / 0	/	38,0	/	/	/
BeschriftungTektonik	Kreis	Einfaches Markersymbol	/	/	4,0	/	/	1,0

2.1 Polygon-Elemente mit Farbgebung in Anlehnung an die Generallegende von Bayern (BLVA-Stil)

LayerName	Symbolart	Symboltyp	(Füll-) Farbe [RGB]	Style	Breite / Größe	Umrißfarbe [RGB]	Umrißstyle	Umriß-stärke
--ta_Hangabschwemmungen & Talfüllungen	Polygon	Einfaches Füllsymbol	247 / 247 / 247	/	/	110 / 110 / 110	durchgezogen	0,4
-Lo(l)_Löß-Lößlehm	Polygon	Einfaches Füllsymbol	250 / 231 / 207	/	/	110 / 110 / 110	durchgezogen	0,4
qp-G_fluviatileSchotter	Polygon	Bild-Füllsymbol	0 / 0 / 0 247 / 239 / 205	/	/	110 / 110 / 110	durchgezogen	0,4
-X-fl_Solifluktionsschutt	Polygon	Bild-Füllsymbol	0 / 0 / 0 243 / 243 / 205	/	/	110 / 110 / 110	durchgezogen	0,4
kmBLbl_Ton- & MergelsteineÜberkmLl	Polygon	Einfaches Füllsymbol	186 / 189 / 245	/	/	110 / 110 / 110	durchgezogen	0,4
kmLl_Lehrbergbänke	Polygon	Einfaches Füllsymbol	195 / 247 / 202	/	/	110 / 110 / 110	durchgezogen	0,4
kmL_Lehrbergschichten	Polygon	Einfaches Füllsymbol	245 / 234 / 206	/	/	110 / 110 / 110	durchgezogen	0,4
kmS_Schilfsandstein-fein-mittelsandig	Polygon	Einfaches Füllsymbol	201 / 245 / 188	/	/	110 / 110 / 110	durchgezogen	0,4
kmS_Schilfsandstein-schluffig	Polygon	Einfaches Füllsymbol	189 / 209 / 242	/	/	110 / 110 / 110	durchgezogen	0,4
kmSt_Schilfsandstein-tonig	Polygon	Einfaches Füllsymbol	202 / 252 / 210	/	/	110 / 110 / 110	durchgezogen	0,4
kmE_Estherienschichten	Polygon	Einfaches Füllsymbol	202 / 250 / 197	/	/	110 / 110 / 110	durchgezogen	0,4
kmEd_Dolomitsteinlagen	Polygon	Einfaches Füllsymbol	207 / 198 / 245	/	/	110 / 110 / 110	durchgezogen	0,4
kmEc_Corbulabank	Polygon	Einfaches Füllsymbol	208 / 239 / 247	/	/	110 / 110 / 110	durchgezogen	0,4
kmM_Myophorienschichten	Polygon	Einfaches Füllsymbol	195 / 247 / 225	/	/	110 / 110 / 110	durchgezogen	0,4
kmMd_Dolomitsteinlagen	Polygon	Einfaches Füllsymbol	207 / 200 / 247	/	/	110 / 110 / 110	durchgezogen	0,4
kmMb_Bleiglanzbank	Polygon	Einfaches Füllsymbol	226 / 192 / 252	/	/	110 / 110 / 110	durchgezogen	0,4
kmMh_Bochingerbank	Polygon	Einfaches Füllsymbol	236 / 188 / 247	/	/	110 / 110 / 110	durchgezogen	0,4
kuD_Grenzdolomit	Polygon	Einfaches Füllsymbol	205 / 247 / 219	/	/	110 / 110 / 110	durchgezogen	0,4
ku_Unterer Keuper-vorwiegend Sandsteine	Polygon	Einfaches Füllsymbol	225 / 250 / 190	/	/	110 / 110 / 110	durchgezogen	0,4
ku_Unterer Keuper-vorwiegend Tonsteine	Polygon	Einfaches Füllsymbol	196 / 245 / 242	/	/	110 / 110 / 110	durchgezogen	0,4
mo_ObererMuschelkalk	Polygon	Einfaches Füllsymbol	218 / 204 / 252	/	/	110 / 110 / 110	durchgezogen	0,4

2.2. Polygon-Elemente mit Farbgebung in Anlehnung an die an der RUB verwendete Legende (RUB-Stil)

LayerName	Symbolart	Symboltyp	(Füll-) Farbe [RGB]	Style	Breite / Größe	Umrißfarbe [RGB]	Umrißstyle	Umriß-stärke
--ta_Hangabschwemmungen & Talfüllungen	Polygon	Einfaches Füllsymbol	211 / 255 /190	/	/	110 / 110 / 110	durchgezogen	0,4
-Lo(l)_Löß-Lößlehm	Polygon	Einfaches Füllsymbol	255 / 255 / 190	/	/	110 / 110 / 110	durchgezogen	0,4
qp-G_fluviatileSchotter	Polygon	Bild-Füllsymbol	0 / 0 / 0 255 / 255 / 190	/	/	110 / 110 / 110	durchgezogen	0,4
-X-fl_Solifluktionsschutt	Polygon	Bild-Füllsymbol	0 / 0 / 0 255 / 255 / 190	/	/	110 / 110 / 110	durchgezogen	0,4
kmBLbl_Ton- & MergelsteineÜberkmLl	Polygon	Einfaches Füllsymbol	255 / 190 / 190	/	/	110 / 110 / 110	durchgezogen	0,4
kmLl_Lehrbergbänke	Polygon	Einfaches Füllsymbol	190 / 210 / 255	/	/	110 / 110 / 110	durchgezogen	0,4
kmL_Lehrbergschichten	Polygon	Einfaches Füllsymbol	245 / 127 / 127	/	/	110 / 110 / 110	durchgezogen	0,4
kmS_Schilfsandstein-fein-mittelsandig	Polygon	Einfaches Füllsymbol	255 / 234 / 190	/	/	110 / 110 / 110	durchgezogen	0,4
kmS_Schilfsandstein-schluffig	Polygon	Einfaches Füllsymbol	255 / 234 / 190	/	/	110 / 110 / 110	durchgezogen	0,4
kmSt_Schilfsandstein-tonig	Polygon	Einfaches Füllsymbol	255 / 167 / 127	/	/	110 / 110 / 110	durchgezogen	0,4
kmE_Estherienschichten	Polygon	Einfaches Füllsymbol	56 / 168 / 0	/	/	110 / 110 / 110	durchgezogen	0,4
kmEd_Dolomitsteinlagen	Polygon	Einfaches Füllsymbol	115 / 178 / 255	/	/	110 / 110 / 110	durchgezogen	0,4
kmEc_Corbulabank	Polygon	Einfaches Füllsymbol	190 / 210 / 255	/	/	110 / 110 / 110	durchgezogen	0,4
kmM_Myophorienschichten	Polygon	Einfaches Füllsymbol	225 / 225 / 225	/	/	110 / 110 / 110	durchgezogen	0,4
kmMd_Dolomitsteinlagen	Polygon	Einfaches Füllsymbol	236 / 188 / 247	/	/	110 / 110 / 110	durchgezogen	0,4
kmMb_Bleiglanzbank	Polygon	Einfaches Füllsymbol	170 / 102 / 205	/	/	110 / 110 / 110	durchgezogen	0,4
kmMh_Bochingerbank	Polygon	Einfaches Füllsymbol	207 / 200 / 247	/	/	110 / 110 / 110	durchgezogen	0,4
kuD_Grenzdolomit	Polygon	Einfaches Füllsymbol	205 / 170 / 102	/	/	110 / 110 / 110	durchgezogen	0,4
ku_Unterer Keuper-vorwiegend Sandsteine	Polygon	Einfaches Füllsymbol	240 / 157 / 2	/	/	110 / 110 / 110	durchgezogen	0,4
ku_Unterer Keuper-vorwiegend Tonsteine	Polygon	Einfaches Füllsymbol	0 / 168 / 132	/	/	110 / 110 / 110	durchgezogen	0,4
mo_ObererMuschelkalk	Polygon	Einfaches Füllsymbol	218 / 204 / 252	/	/	110 / 110 / 110	durchgezogen	0,4

Anhang E

Dokumentation VBA-Code 'BerechneHilfspunkteStreichlinienplan'

```
'################################################################################
'# BerechneHilfspunkteStreichlinienplan
'#
'#  Info: Berechnet Hilfspunkte zur Konstruktion von Streichlinien zwischen
'#        zwei beliebigen, vom User definierten Streichpunkten entlang einer
'#        Hilfsline
'#  Autor: STINDER, T. / TerraCom Datentechnik / terracom.stinder@online.de
'#  Datum: 28.11.2008 (letzte Änderung)
'#  Lizenzbedingungen: Das Programm ist keine Freeware oder Shareware.
'#        Der kommerzielle als auch der nicht-kommerzielle Einsatz ist
'#        ausschließlich bei Erwerb des ArcGIS-Projektes 'DigGK-25-5728
'#        Oberlauringen (Nord)' oder des Programmcodes 'BerechneHilfs-
'#        punkteStreichlinienplan' separat beim Autor zulässig. Mit dem
'#        Erwerb der Software ist ein beliebiger Einsatz ohne Nutzungs-
'#        oder Installations-Limitierung gestattet. Die Weitergabe
'#        der Software an Dritte (Verkauf, Vermietung, unendgeldliche
'#        Überlassung) ist davon aber ausdrücklich ausgenommen.
'#  Haftungsausschluß: Die Installation und Nutzung des Programms erfolgt auf
'#        eigene Gefahr und ist nur unter Außschluß a l l e r  Gewähr-
'#        leistungs- und Haftungsansprüche zugelassen. Es wird darauf hinge-
'#        wiesen, daß die Fehlerbehandlung im Programm nur rudimentär ist.
'#  Voraussetzungen: Folgende Einstellungen sind vorzunehmen.
'#        1. Anordnung der Layer im Inhaltsverzeichnis von ArcMap
'#            Schichtlagerungskarte (Gruppenlayer, erster Eintrag im VZ)
'#              CorbulabankBasis-Hilfspunkt (Layer mit Hilfspunkten)
'#              CorbulabankBasis-Hilfslinie (Layer mit Hilfslinien)
'#              CorbulabankBasis-Streichpunkt(Layer m. Streichpunkten)
'#        2. In ArcMap muß der Bearbeitungmodus aktiviert sein
'#  Bedienung:
'#        1. Falls noch nicht geschehen, Symbolleiste 'DigGK10-Tools' ein-
'#           blenden
'#        2. Zwei Streichpunkte auf dem Layer 'Corbularbank-Streichpunkt'
'#           markieren und dann den Zirkel-Button ('CallHilfspunkteStreich-
'#           linienplanKonstruieren') in der Symbolleiste 'DigGK10-Tools'
'#           anklicken
'#        3. Benutzereingaben nach Programmaufforderung tätigen
'################################################################################
Public Sub BerechneHilfspunkteStreichlinienplan()
On Error GoTo BerechneHilfspunkteStreichlinienplan_Err

'
' ***** Variablen definieren *****
Dim aoiIMxDoc As ImxDocument              ' Schnittstellenvariable (Abk. SSV) vom
                                          ' Typ MxDocument (aktuelle ArcMap-
                                          ' Applikation), der die IMxDocument-
                                          ' Schnittstelle (Abk. SS) implemen-
                                          ' tiert, deklarieren
Dim aoiIMxMaps As IMaps                   ' SSV vom Typ MxDokument mit IMaps-SS
Dim aoiIMxActiveView As IactiveView       ' SSV vom Typ MxDokument m. IActiveView-SS

Dim aoiMap As IMap                        ' SSV vom Typ Map mit IMap-SS deklarieren
'
Dim aoiCLayer As ICompositeLayer          ' SSV vom Typ GroupLayer, der die ICompo-
                                          ' siteLayer-SS implementiert, deklarieren
Dim aoiSLayerStreichpunkt As ILayer       ' SSV vom Typ Layer mit ILayer-SS deklar.
Dim aoiSLayerHilfsLinie As ILayer
Dim aoiSLayerHilfsPunkt As ILayer
```

```
Dim aoiFLStreichPunkt As IFeatureLayer2 ' SSV vom Typ FeatureLayer, der die
                                        ' IFeatureLayer2-SS implementiert, dekl.
Dim aoiFLHilfsLinie As IFeatureLayer2
Dim aoiFLHilfsPunkt As IFeatureLayer2
'
Dim aoiFLStreichPunktAuswahl As IFeatureSelection ' SSV vom Typ FeatureLayer,
                                        ' mit IFeatureSelection-SS deklarieren
'
Dim aoiFCHilfsLinie As IFeatureClass    ' SSV vom Typ Feature-Class, der die
                                        ' IFeature-Class-SS implementiert, dekl.
Dim aoiFCHilfsPunkt As IFeatureClass
Dim aoiFCStreichPunkt As IFeatureClass
'
Dim aoiFeatAnfangsPunkt As Ifeature     ' SSV vom Typ Feature mit IFeature-SS
Dim aoiFeatEndPunkt As IFeature
Dim aoiFeatTempPunkt As IFeature
Dim aoiFeatHilfsPunkt As IFeature
Dim aoiFeatNeueHilfsLinie As IFeature
Dim aoiFeatNeuerHilfsPunkt As IFeature
'
Dim aoiGeoAnfangsPunkt As Igeometry     ' SSV vom Typ Geometry mit IGeometry-SS
Dim aoiGeoEndPunkt As IGeometry
Dim aoiGeoHilfsLinie As IGeometry
Dim aoiGeoHilfsPunkt As IGeometry
'
Dim aoiPktAnfangsPunkt As Ipoint        ' SSV vom Typ Point mit IPoint-SS dekl.
Dim aoiPktEndPunkt As IPoint
Dim aoiPktHilfsPunkt As IPoint
Dim aoiPktConstHilfsPunkt As IconstructPoint ' SSV vom Typ Point, der die
                                        ' ConstructPoint-SS implementiert, dekl.
Dim aoiPlineHilfsLinie As Ipolyline     ' SSV vom Typ Polyline mit IPolyline-SS
'
Dim lngStreichPunktAnzahl As Long       ' Variable für die Anzahl ausgewählter
                                        ' Streichpunkte deklarieren
Dim enumStreichPunktOID As IEnumIDs     ' Listenvariable für die OIDs der Auswahl-
                                        ' punkte deklarieren
Dim lngZähler As Long                   ' Zählervariable deklarieren
Dim intHilfsPunktHöhenDifferenz As Integer ' Variable für die Höhendifferenz
                                        ' zw. zwei Streichpunkten deklarieren
Dim sngHilfsLinieLänge As Single        ' Variable zur Aufnahme von Hilfslinien-
                                        ' längen deklarien
Dim intHilfsPunktZehnerAnzahl As Integer ' Variable für die Anzahl der zu erzeugen-
                                        ' den 10er-Hilfspunkte deklarieren
Dim intHilfsPunktFünferAnzahl As Integer ' Variable für die Anzahl der zu erzeugen-
                                        ' den 5er-Hilfspunkte deklarieren
Dim sngHilfsPunktAbstandEiner As Single ' Variable zur Aufnahme eines 1 m-
                                        ' Abstandswertes deklarieren
Dim intHilfsPunktDistanz As Integer     ' Variable zur Speicherung der Distanz
                                        ' zwischen 2 Hilfspunkten deklarieren
Dim intHilfsPunktHoehe As Integer       ' Variable zur Aufnahme der Höhe eines
                                        ' Hilfspunktes deklarieren
Dim strHilfsPunktTyp As String          ' Variable, die die Art des Hilfspunktes,
                                        ' 10er oder 5er, speichert, deklarieren
Dim intHilfsPunktAnzahl As Integer      ' Variable zur Aufnahme der Benutzerein-
                                        ' gabe für die Anzahl der zu konstruieren-
                                        ' den Hilfspunke deklarieren
Dim lngIndex As Long                    ' Variable zur Speicherung des Indexes
                                        ' für den Zugriff auf ein Attribut einer
                                        ' Tabelle deklarieren
Dim strInputBoxPrompt As String         ' Variable für die Speicherung des Be-
                                        ' nutzerpromptes einer InputBox dekl.
Dim strInputBoxReturn As String         ' Variable zur Aufnahme des Rückgabe-
                                        ' wertes einer Input-Box deklarieren
```

```
' ***** Verweise erzeugen - Konkrete Objekte den Objektvariablen zuweisen *****
Set aoiIMxDoc = ThisDocument              ' Verweis auf das aktuelle ArcMap-Doku-
                                          ' ment erzeugen
Set aoiIMxActiveView = aoiIMxDoc.ActiveView ' ActiveView-Methode liefert einen
                                          ' Verweis auf den aktuellen View (Data- od.
                                          ' Layout-View) des MxDokumentes
Set aoiMap = aoiIMxDoc.Maps.Item(0)       ' Verweis auf die erste Map i.d. Maps-Auf-
                                          ' listung, hier die aktuelle Karte, erzeugen
Set aoiCLayer = aoiMap.Layer(0)           ' Verweis a. d. 1. Layer-Objekt (CLayer)
Set aoiSLayerHilfsPunkt = aoiCLayer.Layer(0) ' Verweis auf HilfsPunkt-Layer
Set aoiSLayerHilfsLinie = aoiCLayer.Layer(1)  ' Verweis auf HilfsLinien-Layer
Set aoiSLayerStreichpunkt = aoiCLayer.Layer(2) ' Verweis auf Corbulabankbasis-
                                          ' Streichpunkt-Layer erzeugen
Set aoiFLHilfsPunkt = aoiSLayerHilfsPunkt ' Verweis a. Layer-Obj. HilfsPunkt
Set aoiFLHilfsLinie = aoiSLayerHilfsLinie ' Verweis a. Layer-Obj. HilfsLinie
Set aoiFLStreichPunkt = aoiSLayerStreichpunkt  ' Verweis a. Layer StreichPunkt
Set aoiFLStreichPunktAuswahl = aoiFLStreichPunkt ' Verweis auf das FL-Objekt
                                          ' StreichPunkt
'
Set aoiFCHilfsPunkt = aoiFLHilfsPunkt.FeatureClass  'Verweis a. d. Eigenschaft
                                          ' FeatureClass des FL-Objekts HilfsPunkt
Set aoiFCHilfsLinie = aoiFLHilfsLinie.FeatureClass  'Verweis a. d. Eigenschaft
                                          ' FeatureClass des FL-Objekts HilfsLinie
Set aoiFCStreichPunkt = aoiFLStreichPunkt.FeatureClass 'Verweis a.d. Eigensch.
                                          ' FeatureClass des FL-Objekts StreichPunkt
'
'
' *****  Anfangs- und Endpunkt der Hilfslinie bestimmen ****
' Verifizieren, daß Anfangs- und Endpunkt gesetzt wurden
If aoiFLStreichPunktAuswahl.SelectionSet.Count <> 2 Then
   MsgBox "Es müssen 2 Punkte im Layer " & aoiSLayerStreichpunkt.Name & _
   " ausgewählt sein !" & vbCrLf & "Starten Sie die Prozedur neu."
   Exit Sub
End If
'
' Anzahl und ObjektIDs der Auswahlpunkte ermitteln
lngStreichPunktAnzahl = aoiFLStreichPunktAuswahl.SelectionSet.Count
Set enumStreichPunktOID = aoiFLStreichPunktAuswahl.SelectionSet.IDs
'
' Point-Features ermitteln
Set aoiFeatAnfangsPunkt _
        = aoiFCStreichPunkt.GetFeature(enumStreichPunktOID.Next)
Set aoiFeatEndPunkt _
        = aoiFCStreichPunkt.GetFeature(enumStreichPunktOID.Next)
'
' Sicherstellen, daß die Höhe des Anfangspunktes kleiner ist als die des
' Endpunktes, ansonsten Anfangs- und Endpunkt vertauschen
If aoiFeatAnfangsPunkt.Value(3) > aoiFeatEndPunkt.Value(3) Then
  Set aoiFeatTempPunkt = aoiFeatEndPunkt  ' Ringtausch Werte
  Set aoiFeatEndPunkt = aoiFeatAnfangsPunkt
  Set aoiFeatAnfangsPunkt = aoiFeatTempPunkt
End If
'
'
```

```
'***** Hilfslinie konstruieren *****
' Geometrien auslesen
Set aoiGeoAnfangsPunkt = aoiFeatAnfangsPunkt.Shape ' Verweis auf die Eigen-
                                                   ' schaft Shape des Feature-Objektes
                                                   ' AnfangsPunkt erzeugen
Set aoiGeoEndPunkt = aoiFeatEndPunkt.Shape
Set aoiPktAnfangsPunkt = aoiGeoAnfangsPunkt ' Verweis auf die Geometry-
                                                   ' Objekte Anfangs- & Endpunkt erzeugen
Set aoiPktEndPunkt = aoiGeoEndPunkt
'
' Neue Hilfslinie zeichnen
Set aoiPlineHilfsLinie = New Polyline      ' Neues Objekt erzeugen u. zuweisen
aoiPlineHilfsLinie.FromPoint = aoiPktAnfangsPunkt
aoiPlineHilfsLinie.ToPoint = aoiPktEndPunkt
'
' Neue Hilfslinie auf dem Target-Layer erzeugen
Set aoiFeatNeueHilfsLinie = aoiFCHilfsLinie.CreateFeature
                                                   ' Neues HilfsLinien-Obj. erz. & zuweisen
Set aoiFeatNeueHilfsLinie.Shape = aoiPlineHilfsLinie ' Verweis auf das Poly-
                                                   ' Line-Objekt HilfsLinie erzeugen
aoiFeatNeueHilfsLinie.Store                ' Methode Store speichert das neue Feature
'
'
' ***** Hilfspunkte konstruieren *****
' Höhendifferenz zwischen zwei Streichpunkten ermitteln
intHilfsPunktHöhenDifferenz = aoiFeatEndPunkt.Value(3) _
                                        - aoiFeatAnfangsPunkt.Value(3)
If intHilfsPunktHöhenDifferenz = 0 Then
   MsgBox "Die Höhendifferenz zwischen den gewählten Streichpunkten" & _
   " ist 0. Es können keine Hilfspunkte erzeugt werden !" & vbCrLf & _
   "Starten Sie die Prozedur neu."
   Exit Sub
End If
'
' Länge der Hilfslinie ermitteln
sngHilfsLinieLänge = aoiPlineHilfsLinie.Length
'
' Optimale Anzahl der 10er-Höhenpunkte zwischen 2 Streichpunkten ermitteln
intHilfsPunktZehnerAnzahl = 0              ' Variable initialisieren
lngZähler = aoiFeatAnfangsPunkt.Value(3) + 1 ' Zähler initialisieren
Do While lngZähler < aoiFeatEndPunkt.Value(3)
 If lngZähler Mod 10 = 0 Then              ' Wenn der Wert durch 10 teilbar ist,
                                                   ' die Anzahl der zu erzeugenden Hilfs-
                                                   ' punkte um 1 erhöhen
   intHilfsPunktZehnerAnzahl = intHilfsPunktZehnerAnzahl + 1
 End If
 lngZähler = lngZähler + 1
Loop
'
' Optimale Anzahl der 5er-Höhenpunkte zwischen 2 Streichpunkten ermitteln
intHilfsPunktFünferAnzahl = 0
lngZähler = aoiFeatAnfangsPunkt.Value(3) + 1 ' z.B. 380 --> 381
Do While lngZähler < aoiFeatEndPunkt.Value(3)
 If lngZähler Mod 5 = 0 And lngZähler Mod 10 <> 0 Then
                                                   ' Wenn der Wert durch 5 aber nicht durch
                                                   ' 10 teilbar ist, die Anzahl der zu er-
                                                   ' zeugenden Hilfspunkte um 1 erhöhen
   intHilfsPunktFünferAnzahl = intHilfsPunktFünferAnzahl + 1
 End If
 lngZähler = lngZähler + 1
Loop
```

```
'
' 1er-Hilfspunkt-Abstand berechnen
sngHilfsPunktAbstandEiner = 1 / intHilfsPunktHöhenDifferenz
'
' Benutzereingabe zum Typ der Hilfspunkte, 5er oder 10er, abfragen
strInputBoxPrompt = "Anfangspunkt mit OID " & aoiFeatAnfangsPunkt.OID & _
        " und Höhe " & aoiFeatAnfangsPunkt.Value(3) & vbCrLf _
        & "Endpunkt       mit OID " & aoiFeatEndPunkt.OID & _
        " und Höhe " & aoiFeatEndPunkt.Value(3) & vbCrLf _
        & "Höhendifferenz ist " & intHilfsPunktHöhenDifferenz & " m"
strInputBoxReturn = InputBox(strInputBoxPrompt, _
                    "5er- oder 10er-Höhenpunkte erzeugen", 10)
If strInputBoxReturn = "" Then               ' Input-Box auswerten
  Exit Sub                                   ' Abbruch bei keiner Eingabe
 Else
  strHilfsPunktTyp = strInputBoxReturn
End If
'
' Benutzereingabe zur Anzahl der zu erzeugenden Hilfspunkte abfragen
If strHilfsPunktTyp = 10 Then                ' 10er-Hilfspunkte erzeugen
   ' 10er-Hilfspunkte
   strInputBoxPrompt = "Für 10er-Hilfspunkte ist die optimale " & _
           "Hilfspunktzahl zwischen den Streichpunkten " & _
           intHilfsPunktZehnerAnzahl & "." & vbCrLf _
           & "Wenn Sie weitere Punkte über den Endpunkt hinaus " _
           & "wünschen, geben Sie bitte eine höhere Zahl als " _
           & intHilfsPunktZehnerAnzahl & " ein."
   strInputBoxReturn = InputBox(strInputBoxPrompt, _
        "Anzahl der Hilfspunkte festlegen", intHilfsPunktZehnerAnzahl)
 Else
   ' 5er-Hilfspunkte
   strInputBoxPrompt = "Für 5er-Hilfspunkte ist die optimale " _
           & "Hilfspunktzahl zwischen den Streichpunkten " _
           & intHilfsPunktFünferAnzahl & "." & vbCrLf _
           & "Wenn Sie weitere Punkte über den Endpunkt hinaus" _
           & "wünschen, geben Sie bitte eine höhere Zahl als " _
           & intHilfsPunktFünferAnzahl & " ein."
   strInputBoxReturn = InputBox(strInputBoxPrompt, "Anzahl " _
           & "der Hilfspunkte festlegen", intHilfsPunktFünferAnzahl)
End If
'
' Benutzereingaben zur Anzahl der zu erzeugenden Hilfspunkte auswerten
If strInputBoxReturn = "" Then
   Exit Sub                                  ' Abbruch bei keiner Eingabe
 Else
   intHilfsPunktAnzahl = CInt(strInputBoxReturn) ' Eingabestring in Zahl
End If

'
' Prüfen ob die zu generierende Hilfspunktzahl größer Null ist
  If intHilfsPunktAnzahl = 0 Then
    MsgBox "Es gibt keine Hilfspunkte die erzeugt werden können !" & _
    vbCrLf & "Starten Sie die Prozedur neu."
    Exit Sub
End If
```

```
'
' Hilfspunkte mit ihren Abständen vom Anfangspunkt aus und die für sie gel-
' tenden Höhenwerte in Abhängigkeit von der Art der zu erzeugenden Hilfs-
' punkte und der Höhe des Anfangspunktes berechnen
lngZähler = 0                                  ' Schleifenzähler initialisieren
For lngZähler = 0 To intHilfsPunktAnzahl - 1 ' Schleife starten
 Select Case aoiFeatAnfangsPunkt.Value(3) Mod 10  ' Value(3)= Höhenwert
   Case 0                                      ' Höhe des Anfangspunktes endet auf '0'
                                               ' z.B. 380
     If strHilfsPunktTyp = 10 Then
                               ' 10er-Hilfspunkte sollen erzeugt werden
       intHilfsPunktDistanz = 10 + (lngZähler * 10)
       intHilfsPunktHoehe = aoiFeatAnfangsPunkt.Value(3) _
                            + (lngZähler * 10) + 10
      Else                                     ' 5er-Hilfspunkte sollen erzeugt werden
       intHilfsPunktDistanz = 5 + (lngZähler * 10)
       intHilfsPunktHoehe = aoiFeatAnfangsPunkt.Value(3) _
                            + (lngZähler * 10) + 5
     End If
   Case 1                                      ' Höhe des Anfangspunktes endet auf '1'
     If strHilfsPunktTyp = 10 Then
       intHilfsPunktDistanz = 9 + (lngZähler * 10)
       intHilfsPunktHoehe = aoiFeatAnfangsPunkt.Value(3) _
                            + (lngZähler * 10) + 9
      Else
       intHilfsPunktDistanz = 4 + (lngZähler * 10)
       intHilfsPunktHoehe = aoiFeatAnfangsPunkt.Value(3) _
                            + (lngZähler * 10) + 4
     End If
   Case 2                                      ' Höhe des Anfangspunktes endet auf '2'
     If strHilfsPunktTyp = 10 Then
       intHilfsPunktDistanz = 8 + (lngZähler * 10)
       intHilfsPunktHoehe = aoiFeatAnfangsPunkt.Value(3) _
                            + (lngZähler * 10) + 8
      Else
       intHilfsPunktDistanz = 3 + (lngZähler * 10)
       intHilfsPunktHoehe = aoiFeatAnfangsPunkt.Value(3) _
                            + (lngZähler * 10) + 3
     End If
   Case 3                                      ' Höhe des Anfangspunktes endet auf '3'
     If strHilfsPunktTyp = 10 Then
       intHilfsPunktDistanz = 7 + (lngZähler * 10)
       intHilfsPunktHoehe = aoiFeatAnfangsPunkt.Value(3) _
                            + (lngZähler * 10) + 7
      Else
       intHilfsPunktDistanz = 2 + (lngZähler * 10)
       intHilfsPunktHoehe = aoiFeatAnfangsPunkt.Value(3) _
                            + (lngZähler * 10) + 2
     End If
   Case 4                                      ' Höhe des Anfangspunktes endet auf '4'
     If strHilfsPunktTyp = 10 Then
       intHilfsPunktDistanz = 6 + (lngZähler * 10)
       intHilfsPunktHoehe = aoiFeatAnfangsPunkt.Value(3) _
                            + (lngZähler * 10) + 6
      Else
       intHilfsPunktDistanz = 1 + (lngZähler * 10)
         Debug.Print intHilfsPunktDistanz
       intHilfsPunktHoehe = aoiFeatAnfangsPunkt.Value(3) _
                            + (lngZähler * 10) + 1
     End If
```

```
Case 5                                     ' Höhe des Anfangspunktes endet auf '5'
   If strHilfsPunktTyp = 10 Then
      intHilfsPunktDistanz = 5 + (lngZähler * 10)
      intHilfsPunktHoehe = aoiFeatAnfangsPunkt.Value(3) _
                                   + (lngZähler * 10) + 5
    Else
      intHilfsPunktDistanz = 10 + (lngZähler * 10)
         Debug.Print intHilfsPunktDistanz
      intHilfsPunktHoehe = aoiFeatAnfangsPunkt.Value(3) _
                                   + (lngZähler * 10) + 10
   End If
 Case 6                                    ' Höhe des Anfangspunktes endet auf '6'
   If strHilfsPunktTyp = 10 Then
      intHilfsPunktDistanz = 4 + (lngZähler * 10)
      intHilfsPunktHoehe = aoiFeatAnfangsPunkt.Value(3) _
                                   + (lngZähler * 10) + 4
    Else
      intHilfsPunktDistanz = 9 + (lngZähler * 10)
      intHilfsPunktHoehe = aoiFeatAnfangsPunkt.Value(3) _
                                   + (lngZähler * 10) + 9
   End If
 Case 7                                    ' Höhe des Anfangspunktes endet auf '7'
   If strHilfsPunktTyp = 10 Then
      intHilfsPunktDistanz = 3 + (lngZähler * 10)
      intHilfsPunktHoehe = aoiFeatAnfangsPunkt.Value(3) _
                                   + (lngZähler * 10) + 3
    Else
      intHilfsPunktDistanz = 8 + (lngZähler * 10)
      intHilfsPunktHoehe = aoiFeatAnfangsPunkt.Value(3) _
                                   + (lngZähler * 10) + 8
   End If
 Case 8                                    ' Höhe des Anfangspunktes endet auf '8'
   If strHilfsPunktTyp = 10 Then
      intHilfsPunktDistanz = 2 + (lngZähler * 10)
      intHilfsPunktHoehe = aoiFeatAnfangsPunkt.Value(3) _
                                   + (lngZähler * 10) + 2
    Else
      intHilfsPunktDistanz = 7 + (lngZähler * 10)
      intHilfsPunktHoehe = aoiFeatAnfangsPunkt.Value(3) _
                                   + (lngZähler * 10) + 7
   End If
 Case 9                                    ' Höhe des Anfangspunktes endet auf '9'
   If strHilfsPunktTyp = 10 Then
      intHilfsPunktDistanz = 1 + (lngZähler * 10)
      intHilfsPunktHoehe = aoiFeatAnfangsPunkt.Value(3) _
                                   + (lngZähler * 10) + 1
    Else
      intHilfsPunktDistanz = 6 + (lngZähler * 10)
      intHilfsPunktHoehe = aoiFeatAnfangsPunkt.Value(3) _
                                   + (lngZähler * 10) + 6
   End If
End Select
```

```
    '
    ' Hilfspunkt entlang der Hilfslinie konstruieren
    Set aoiPktHilfsPunkt = New Point  ' Neues Point-Objekt erzeugen und zuweisen
    Set aoiPktConstHilfsPunkt = aoiPktHilfsPunkt ' Verweis auf das Hilfspunkt-Objekt
    aoiPktConstHilfsPunkt.ConstructAlong aoiPlineHilfsLinie, esriExtendAtTo, _
                sngHilfsPunktAbstandEiner * intHilfsPunktDistanz, True
    '
    ' Neuen (Hilfs-) Punkt auf dem Target-Layer erzeugen
    Set aoiFeatNeuerHilfsPunkt = aoiFCHilfsPunkt.CreateFeature
                                            ' Neues HilfsPunkt-Objekt erzeugen und
                                            ' zuweisen
    Set aoiFeatNeuerHilfsPunkt.Shape = aoiPktHilfsPunkt ' Verweis auf d. Punkt-
                                            ' Objekt Hilfspunkt erzeugen
    '
    ' Dem neu erzeugten Hilfspunkt einen Höhenwert zuweisen
    lngIndex = aoiFCHilfsPunkt.FindField("Hoehe") ' Feldindex bestimmen
    aoiFeatNeuerHilfsPunkt.Value(lngIndex) = intHilfsPunktHoehe
    aoiFeatNeuerHilfsPunkt.Store
  Next                                      ' Schleife inkrementieren
  '
  ' Nachbereitung der Karte
  aoiFLStreichPunktAuswahl.Clear            ' Auswahlpunkte löschen
  aoiIMxActiveView.Refresh                  ' Anzeige aktualisieren

BerechneHilfspunkteStreichlinienplan_Exit:
    Exit Sub

BerechneHilfspunkteStreichlinienplan_Err:
    MsgBox Error$
    Resume BerechneHilfspunkteStreichlinienplan_Exit
End Sub
```